AF603422

LÉGISLATION
POUR
LES COLONIES
DES ISLES DE
FRANCE ET DE BOURBON.

A L'ISLE DE FRANCE
DE L'IMPRIMERIE ROYALE.
M. DCC LXVIII.

Titre.

Reglement

fait à l'Isle de france

concernant la Chirurgie

Du 7 septembre 1772

EDIT DU ROY.

Portant supression des Conseils Supérieurs des Isles de France & de Bourbon & l'Établissement d'un Nouveau Conseil Supérieur dans chacune de ces Isles.

Juin 1766

LOUIS PAR LA GRACE DE DIEU ROY DE FRANCE ET DE NAVARRE. A tous présens & avenir SALUT. Ayant jugé nécessaire pour le bien de notre Service & pour la plus grande utilité de la Compagnie des Indes de reprendre l'administration des Isles de France & de Bourbon ; Nous aurions estimé qu'il convenoit de supprimer le Conseil Supérieur établi dans chacune des dites Isles de France & de Bourbon ; par nos Édits du mois de Novembre mil sept cent vingt trois & du mois de Novembre mil

A

Mr Millon Proc. gnal au Conseil Supr de l'Isle Bourbon

ſept cent trente quatre, & de créer en même tems un nouveau Conſeil Supérieur dans chacune des dites Iſles, à l'effet d'aſſurer l'adminiſtration de la juſtice & de compoſer ces deux Conſeils Supérieurs de Sujets inſtruits & capables de répondre à nos vues. A ces Cauſes & autres conſidérations à ce nous mouvant de l'avis de notre Conſeil, & de notre certaine ſcience, pleine puiſſance & autorité Royale; Nous avons par ces préſentes ſignées de notre main, dit & ordonné, diſons & ordonnons, voulons & nous plait ce qui ſuit.

ARTICLE PREMIER.

Les Conſeils établis aux Iſles de france & de Bourbon par nos Édits des mois de Novembre mil ſept cent vingt trois & de Novembre mil ſept cent trente quatre, enſemble tous les offices des Conſeillers Titulaires, Procureurs Généraux, Greffiers & autres dépendants & attachés aux dits Conſeils qui ſubſiſtent actuellement, feront & demeureront éteints & ſupprimés, comme nous les éteignons & ſupprimons par le préſent notre Édit, faiſant très expreſſes inhibitions & déſenſes à tous ceux qui en ſont pourvus d'en éxercer les fonctions à compter du jour de la publication du préſent Édit.

ARTICLE SECOND

Avons créé, érigé & établi, créons, érigeons & établiſſons par le préſent un Nouveau Conſeil Supérieur en chacune des dites Iſles de France & de Bourbon, pour y rendre la juſtice tant civile que criminelle, ſans frais ni épices à ceux de nos Sujets établis & qui pourront s'établir dans les dites Iſles. Et l'étendue de chacune des dites Iſles formera l'étendue du reſſort de chacun des dits Conſeils Supérieurs.

ARTICLE TROISIEME.

Les dits deux Conſeils Supérieurs ſeront composés, ſçavoir, celui de l'Iſle de France, du Gouverneur notre Lieutenant Général & de l'Intendant des dites Iſles de France & de Bourbon & en l'abſence ou au défaut des dits Gouverneur notre Lieutenant Général & Intendant, des Officiers qui les repréſenteront, de ſept Conſeillers Titulaires, dont un ſera ſecond Conſeiller & aura la police du corps dont il rendra compte à l'Intendant ou à celui qui le repréſentera, d'un Procureur Général, d'un Subſtitut de notre Procureur Général & d'un Greffier, & celui de l'Iſle de Bourbon du Commandant particulier & de l'Ordonnateur en la dite Iſle, du même nombre de ſept Conſeillers Titulaires dont un ſera ſecond Conſeiller ayant également la police du Corps dont il rendra compte à l'Intendant ou à celui qui le repréſentera, d'un Procureur Général, d'un Subſtitut de notre Procureur Général & d'un Greffier, leſquels Conſeillers Titulaires, Procureur Général & Greffier de chaque Conſeil ſeront tenus de réſider habituellement dans le lieu ou chacun des dits Conſeils tiendra ſes ſéances.

ARTICLE QUATRIEME.

Le Gouverneur Lieutenant Général ou celui qui remplira les fonctions aura la place d'honneur aux deux Conſeils Supérieurs comme repréſentant notre Perſonne. L'Intendant ou celui qui remplira les fonctions y préſidera & il en ſera uſé de même au Conſeil Supérieur de l'Iſle de Bourbon, le Commandant particulier ou celui qui le repréſentera y aura la place d'honneur & l'Ordonnateur ou celui qui le repréſentera y préſidera & ils auront les uns & les autres voix délibérative aux dits Conſeils Supérieurs.

ARTICLE CINQUIEME.

Donnons pouvoir à chacun des dits deux Conſeils Supérieurs de juger en premiere inſtance & en dernier reſſort tous les procès & differends non attribués à d'autres juges par nos lettres duement enrégistrées, mis & à mouvoir, entre nos sujets des dites deux Isles, sçavoir au nombre de cinq en matiere civile & au nombre de sept dans les procès criminels qui seront instruits & jugés définitivement & en dernier ressort en la forme ordinaire prescrite par l'ordonnance de 1670.

Juin 1766

ARTICLE SIXIEME.

chacun des dits conseils Supérieurs se conformera dans ses jugements à la coutume de Paris, aux loix particulieres soit pour les Isles de France & de Bourbon en général, soit pour les dites deux Isles en particulier & aux loix & ordonnances faites pour le Royaume en général, dont nous avons ordonné & ordonnerons dans la suite l'enrégistrement à chacun des dits conseils Supérieurs.

ARTICLE SEPTIEME.

Attribuons à chacun des dits deux conseils Supérieurs respectivement, la connoissance & le jugement des affaires qui se trouveront pendantes devant les dits conseils Supérieurs supprimés par notre présent Édit.

ARTICLE HUITIEME.

Les Jugemens & Arrêts des dits deux Conſeils Supérieurs ſeront intitulés de notre nom & ſcellés du ſceau de nos armes qui ſera remis à cet effet entre les mains de l'Intendant ou celui qui le repréſentera, lequel Nous en avons établi garde & dépoſitaire & à leur défaut le ſecond conſeiller de chacun des dits conſeils Supérieurs.

ARTICLE NEUVIEME.

Commettons le Gouverneur Lieutenant Général & l'Intendant ou ceux qui les repréſenteront pour recevoir le ſerment des Conſeillers du conſeil Supérieur de l'Iſle de France, enſemble du Procureur Général, du ſubſtitut & du Greffier auſquels nous ferons expédier nos proviſions. Commettons pareillement le commandant particulier & l'Ordonnateur de l'Iſle de Bourbon pour recevoir le ſerment des Conſeillers, du Procureur Général, du Subſtitut & du Greffier de la dite Iſle de Bourbon.

ARTICLE DIXIEME.

Dans le cas ou la charge de Procureur Général des dits conſeils Supérieurs viendroit à vacquer par la mort ou l'abſence des Titulaires,

Nous voulons que le dernier conſeiller Titulaire de chacun des dits conſeils en rempliſſe les fonctions, juſqu'à ce quil y ait été pouvu par Nous.

SI DONNONS EN MANDEMENT au Gouverneur notre Lieutenant Général et Intendant des dites Iſles de France & de Bourbon ou ceux qui les repréſenteront, au commandant particulier & à l'Ordonnateur en la dite Iſle de Bourbon de faire reconoitre & obéir les dits Officiers par qui il appartiendra & que le préſent Edit ils ayent à faire lire publier & enrégiſtrer, & le contenu en icelui garder & obſerver ſelon ſa forme & teneur nonobſtant tous Edits & Déclarations, Arrêts & Ordonnances à ce contrairés, auſquels Nous avons dérogé & dérogeons par le préſent Edit. CAR TEL EST NOTRE PLAISIR. Et afin que ce ſoit choſe ferme & ſtable à toujours, Nous y avons fait mettre Notre ſcel. Donné à Verſailles au mois de juin l'an de grace mil ſept cent ſoixante ſix & de notre Regne le cinquante unieme. *Signé* LOUIS. Et plus bas, Par le Roy, CHOISEUL DUC DE PRASLIN.

Régiſtré, oui, & ce requérant le Procureur général du Roy, pour être éxécuté ſelon ſa forme & teneur & Copies collationnées, envoyées dans tous les quartiers de l'Iſle pour y être lues, publiées & affichées, ſuivant l'arrêt de ce jour. Fait au Port-louis Iſle de France en la Chambre du Conſeil tenu ce jourd'huy vendredy dix-ſeptieme jour de juillet mil ſept cent ſoixante ſept. *Signé* GERAUD.

Le présent Édit a été lu & publié à haute & intelligible voix au son du tambour en tous les lieux ordinaires & accoutumés de l'Isle de France par moi Claude Jerome Louis Marquet huissier au Conseil Supérieur en la dite Isle de France ce vingt juillet mil sept cent soixante sept, à ce que personne n'en prétende cause d'ignorance affiché ledit jour à la porte du Gréffe du dit Conseil au Port-louis Isle de France ce dit jour vingt juillet mil sept cent soixante sept *Signé* Marquet.

LETTRES PATENTES DU ROY.

Qui autorisent les Gouverneur & Intendant des Isles de France & de Bourbon, à commettre à quatre places d'Assesseurs, dans chacun des deux Conseils Supérieurs de ces Isles.

LOUIS, PAR LA GRACE DE DIEU ROY DE FRANCE ET DE NAVARRE : A tous présens & avenir SALUT. L'éloignement considérable qui se trouve, entre Nous & l'Isle de France, ainsi que celle de Bourbon, éxigeant qu'il soit pourvu sur les lieux au nombre de juges nécessaires pour la justice distributive, Nous aurions trouvé convenable d'établir dans chacune des dites Isles, un certain nombre d'Assesseurs à la suite des Conseils Supérieurs. A ces causes & autres considérations à ce nous mouvant, de l'avis de notre Conseil & de notre certaine science, pleine puissance & autorité Royale, Nous avons par ces présentes signées de notre main dit & ordonné, disons & ordonnons, voulons & nous plait ce qui suit.

ARTICLE PREMIER.

Les Gouverneur Lieutenant Général pour Nous & l'Intendant des Isles de France & de Bourbon, ou ceux qui les repréſenteront, commettront conjointement pour Aſſeſſeurs en nos Conſeils Supérieurs aux dites Isles, des ſujets capables d'en faire les fonctions, à l'effet de quoi Nous leur donnons l'autorité & le pouvoir néceſſaires, voulons néanmoins & entendons qu'il ne puiſſe y avoir, ſans une permiſſion expreſſe de Nous, que le nombre de quatre Aſſeſſeurs dans chacun des dits Conſeils Supérieurs,

ARTICLE SECOND.

Les Aſſeſſeurs ainſi commis par les dits Gouverneur & Intendant ou ceux qui les repréſenſeuteront ſeront reçus aux dits Conſeils Supérieurs avec les mêmes formalités qui s'obſervent pour la réception des Conſeillers établis par proviſions de Nom, ils y prendront rang & ſçeance par ordre d'ancienneté entre eux & après les dits Conſeillers dont ils ſeront toujours précédés; mais ils n'y auront voix délibérative, que dans le jugement des affaires dont ils ſeront rapporteurs; à moins, que dans les autres affaires dont ils ne ſeront pas rapporteurs, il ne ſe trouve pas un nombre ſuffiſant de juges; auquel cas ils auront pareillement voix délibérative, comme aussi dans le cas de partage d'opinion entre les autres juges. 7bre 1766

ARTICLE TROISIEME.

Voulons au surplus que les commissions qui seront expédiées aux dits Assesseurs par les dits Gouverneur & Intendant ou ceux qui les représenteront, ne soient que pour trois années, à compter du jour de la réception aux dits Conseils Supérieurs; & à l'expiration des dites trois années, Nous permettons aux dits Gouverneur & Intendant de donner de pareilles commissions d'assesseurs à d'autres sujets ou d'en accorder de nouvelles, s'ils le jugent à propos, à ceux dont le temps sera expiré & d'en user ainsi à l'égard des uns & des autres, de trois années en trois années; auxquels cas les dits Assesseurs conserveront dans les dits Conseils le rang qu'ils avoient en vertu de leurs premieres commissions; & lorsque les dits Assesseurs n'auront pas de nouvelles commissions à l'expiration des dites trois années, ils cesseront d'en prendre la qualité.

SI DONNONS EN Mandement à Nos Amés & Féaux les Conseillers de nos Conseils Supérieurs établis aux dites Isles de France & de Bourbon, que ces présentes ils ayent à faire lire, publier & enrégistrer & le contenu en Icelles garder & observer selon leur forme & teneur, nonobſtant tous Édits, Déclarations, Arrêts & Ordonnances à ce contraires, auxquels nous avons dérogé & dérogeons par ces dites préſentes. CAR TEL EST NOTRE PLAISIR. & afin que ce ſoit choſe ferme & ſtable à toujours, nous y avons fait mettre Notre Scel. Donné à Verſailles au mois de ſeptembre, l'an de grace mil ſept cent ſoixante ſix, & de Notre Regne le cinquante deuxieme. *Signé* LOUIS. & plus bas PAR le ROY *Signé* CHOISEUL DUC DE PRASLIN.

RÉGISTRÉ *oui & ce requérant le Procureur général du Roi pour être exécutées ſelon leur forme & teneur, ſuivant l'arrêt de ce jour. Fait au Port-louis Iſle de France, en la Chambre du Conſeil tenu ce jourd'hui lundy vingt juillet mil ſept cent ſoixante ſept. Signé* DUTILLET.

ORDONNANCE.

Portant création d'un Tribunal pour juger les discussions de terrain, & autres objets y relatifs, & réglement sur la composition, la compétence, & l'autorité des jugemens de ce Tribunal.

DE PAR LE ROY.

SA MAJESTÉ s'étant fait représenter les déclarations rendues au sujet des concessions des terres dans les Colonies, des discussions qu'elles peuvent occasionner & de la forme d'y procéder, & ayant réconnu que cette matiere importante pour la tranquillité de ses sujets, méritoit une attention particuliere par rapport a la propriété des biens, elle auroit jugé convenable d'associer au Gouverneur notre Lieutenant général & à l'Intendant qui ont seuls connu des dites discussions, des Conseillers des Conseils Supérieurs qui en les soulageant dans l'instruction, l'éxamen & le jugement, puissent donner leur avis sur des affaires souvent très épineuses & toujours très intéressantes; & d'y ajouter quelques dispositions relativement à la forme de procéder & à l'autorité de ce Tribunal, & SA MAJESTÉ Voulant

25 7bre 1766.

que les mêmes dispositions soient éxécutées aux Isles de France & de Bourbon Elle, a ordonné ce qui suit:

TITRE PREMIER.

Composition du Tribunal Terrier.

ARTICLE PREMIER.

Les contestations sur les concessions des terres des Isles de France & de Bourbon, seront portées a un Tribunal qui sera à l'avenir connu sous le nom de *Tribunal Terrier.*

ARTICLE SECOND.

Ce Tribunal sera composé des Gouverneur Lieutenant général & Intendant, ou de Ceux qui les représenteront tant a l'Isle de France, qu'a l'Isle de Bourbon, & de quatre Conseillers du Conseil Supérieur dans le ressort duquel les dites contestations seront élevées, dont un fera en tout tems les fonctions de Procureur de SA MAJESTÉ les Conseils Supérieurs, nommeront les dits Conseillers & les remplaceront en cas de mort ou d'absence.

ARTICLE TROISIEME.

25 7.bre 1766

Les trois Officiers de nos dits Conseils Supérieurs auxquels nous donnons par la présente ordonnance, entrée dans le Tribunal Terrier, y auront voix délibérative dans les affaires de la compétence de ce Tribunal.

TITRE SECOND.

Compétence du Tribunal Terrier

ARTICLE PREMIER.

Seront portées en ce Tribunal, les demandes en réunion des terrains dont les Concessionnaires ou leur ayant droit, n'auront pas rempli les clauses des Concessions.

ARTICLE SECOND.

Il appartiendra au Tribunal Terrier d'ordonner de la saignée des rivieres pour l'arrosage des terres, de la collocation des terres dans la distribution des eaux de ces rivieres, de la quantité d'eau appartenante à chaque terre, de la maniere de jouir de ces eaux, des servitudes, & placements de travaux pour la conduite & le passage des eaux & des demandes en réparations & entretien des dits travaux & passages.

ARTICLE TROISIEME.

Seront aussi de la compétence du Tribunal Terrier les contestations sur les ouvertures des chemins particuliers ou de communication aux chemins, villes & autres lieux publics & les servitudes pour le placement & le passage de ces chemins.

ARTICLE QUATRIEME.

Le Tribunal Terrier, connoitra pareillement des contestations relatives à la pêche sur les rivieres, à la chasse sur les terres & dans les bois qui ne sont pas enclos, à l'établissement des ponts, bacs & passages sur les rivieres & sur les bras de mer & à l'ouverture des chemins royaux.

ARTICLE CINQUIEME.

Les Conseils Supérieurs connoitront des contestations sur la position, l'étendue, & le bornage des terres comprises dans les concessions, ainsi que toutes actions relatives à la propriété civile & la jouissance des terres concédées.

ARTICLE SIXIEME.

Connoitront les Conseils Supérieurs des servitudes

tudes autres que les ſervitudes pour le paſſage & la conduite des eaux d'arroſage , & pour l'emplacement & le paſſage des chemins particuliers ou de communication, & des actions en dommage & intérêts réſultans de l'uſage ou de l'abus de toutes ſervitudes.

TITRE TROISIEME.

Maniere de Procéder.

ARTICLE PREMIER.

Les conteſtations qui ſeront de nature à être portées devant le Tribunal Terrier , ſeront introduites par requêtes adreſſées aux Gouverneur Lieutenant Général & Intendant , ou Ceux qui les repréſenteront ; au pied deſquelles ils donneront acte de la demande , en ordonnant qu'elle ſoit ſignifiée.

ARTICLE SECOND.

L'ordonnance de ſoit ſignifiée vaudra appointement , & du jour de la ſignification courront les délais pour l'inſtruction dans la même forme & de la même maniere qu'en vertu d'une ſentence d'appointement , ſur lequel il ſera procédé dans le Tribunal Terrier.

ARTICLE TROISIEME.

Dans les délais marqués pour les productions, les parties produiront au Greffe du Tribunal & la partie en retard demeurera forclose de produire, quinzaine après l'expiration des délais.

ARTICLE QUATRIEME.

S'il écheoit de demander à faire quelques preuves par témoins ou par l'inspection de la visite des lieux, le Tribunal pourra la permettre sur la requête de l'une des parties, aux frais de qui il appartiendra ; & il sera nommé un Commissaire à cet effet ; & ne pourra l'éxécution de ces procédures, être opposée à l'autre partie comme fin de non recevoir ? à la charge toutefois par elle de n'éxécuter, qu'en protestant.

ARTICLE CINQUIEME.

Dans le mois qui suivra les délais pour produire, notre Procureur au dit Tribunal, donnera ses Conclusions. Les dites Conclusions seront remises au Greffe du Tribunal.

ARTICLE SIXIEME.

L'Intendant ou Celui qui le représentera, distribuera les procès à l'un des trois Conseillers qui en fera le rapport le plutôt possible.

ARTICLE SEPTIEME.

25 7.bre 1766.

Il pourra être procédé au jugement des affaires par trois des membres du Tribunal en cas d'abſence, ou d'empêchement légitime des autres; ce dont il ſera fait mention dans le jugement, pourvu toutefois, que le Gouverneur Lieutenant Général pour nous ou l'Intendant ou à leur place, Celui qui les repréſentera, ſoit du nombre des juges.

TITRE QUATRIEME.

De l'Autorité des Ordonnances & Jugements.

ARTICLE PREMIER.

Les Ordonnances préparatoires ou d'inſtructions qui ſeront rendues par les Commiſſaires députés, ſeront toujours éxécutées par proviſion, ſans qu'il ſoit beſoin de l'ordonner. Voulons toutefois que leur éxécution contradictoire, ne puiſſe être oppoſée à la partie adverſe, en ſe conformant à ce qui eſt preſcrit par l'article quatrieme du titre troiſieme.

ARTICLE SECOND.

Seront éxécutées, nonobſtant toutes oppoſitions

ou appellations, les jugements rendus par le Tribunal Terrier pour l'établiſſement des ſervitudes, ſoit pour la conduite des eaux d'arroſage, ſoit pour les chemins particuliers ou de communication, ainſi que les jugements portants réglement pour la diſtribution des eaux, ſans que les impétrants des dits jugements ſoient tenus de donner caution.

ARTICLE TROISIEME.

Seront également éxécutés, nonobſtant oppoſition ou appellation, les jugements du Tribunal Terrier pour les premiers placements des fouilles ou travaux pour la conduite des eaux & pour les premiers placemens des chemins particuliers ou de communication, à la charge par les impétrans des dits jugements, de fournir bonne & ſuffiſante caution à recevoir avec les défendeurs devant le Tribunal Terrier.

ARTICLE QUATRIEME

L'éxécution proviſoire de ces jugements, fera partie de leur diſpoſitif ou elle ſera exprimée, & le Tribunal expliquera les cas de la proviſion pour laquelle il ordonnera de fournir caution, s'il y échet. Defendons au Greffier de ce Tribunal, d'inſérer la clauſe de proviſion avec ou ſans caution, dans le diſpoſitif des jugements, ſi elle n'a été prononcée par les juges, a peine de faux & des dommages & intérêts des parties.

25. 7.bre 1766

ARTICLE CINQUIEME.

Les appellations a interjeter des jugemens rendus par le Tribunal Terrier, continueront d'être faites par de ſimples actes & ſeront portées devant nous en notre Conſeil des dépêches en la maniere accoutumée, & les appellants ſeront tenus de joindre aux piéces, expédition en bonne forme des concluſions de nos procureurs ſur les lieux, & les Greſſiers du Tribunal, ſeront alors tenus de le leur délivrer en les ſalariſant, comme de droit.

MANDE ET ORDONNE SA MAJESTÉ au Gouverneur Lieutenant Général & à l'Intendant ou à Ceux qui les repréſenteront, & aux Officiers des Conſeils Supérieurs des Iſles de France & de Bourbon, de ſe conformer à la préſente ordonnance qui ſera régiſtrée par tout ou beſoin ſera.

Fait à Compiegne ce vingt cinq ſeptembre mil ſept cent ſoixante ſix. *Signé* LOUIS & plus bas LE DUC DE PRASLIN.

RÉGISTRÉE, oui le rapport & ſur ce, le Procureur général du Roi, pour être éxécutées ſelon ſa forme & teneur, ſuivant l'arrêt de ce jour. Fait au Port-louis Iſle de France, en la Chambre du Conſeil tenu ce jour-d'hui lundy vingt-ſept juillet mil ſept cent ſoixante ſept. Signé DUTILLET.

ORDONNANCE.

Sur les Enrégistrements & les Représentations par les Conseils Supérieurs des Isles de France & de Bourbon.

DE PAR LE ROY.

30 7bre 1766

SA MAJESTÉ Voulant régler aux Isles de France & de Bourbon la maniere dont il doit être procédé aux enrégistrements des loix & des ordres que SA MAJESTÉ juge à propos d'y envoyer pour ce qui concerne la justice & les différends objets d'administration des dites Isles, & la forme à observer pour les dits enrégistrements, Elle a ordonné, & ordonne ce qui suit :

ARTICLE PREMIER.

Défend SA MAJESTÉ aux Gouverneur Intendant & Conseils Supérieurs, d'éxécuter, & faire, ou souffrir éxécuter aucune expédition dition du sceau, ou du Conseil d'Etat, ou aucun ordre de sa part, s'ils ne sont signés du sécrétaire d'Etat ayant le département de la marine, par lui envoyé aux dits Gouverneur & Intendant & remis par ces Officiers dans la forme expliquée cy-après.

30 7.bre 1766

ARTICLE SECOND

Les loix & les ordres émanés de l'autorité & propre mouvement de SA MAJESTÉ, ſans partie, ſoit en matiere d'adminiſtration & de Gouvernement, lorſque leur éxécution intéreſſera l'honneur, la vie, la liberté & la propriété des ſujets de SA MAJESTÉ, ſoit en matiere de juſtice & de police générale, porteront mandement aux Gouverneur Lieutenant Général & Intendant où ceux qui les repréſenteront, & aux Conſeils Supérieurs pour l'enrégiſtement & éxécution d'iceux, & ſeront remis par les dits Gouverneur Lieutenant général & Intendant aux dits Conſeils, pour, ſur les concluſions du Procureur Général, y être procédé à leur enrégiſtement dont l'arrêt ſera envoyé par les dits Gouverneur Lieutenant général & Intendant, au ſécrétaire d'Etat ayant le département de la marine, en réponſe à la dépêche qui aura accompagné l'envoi des dites loix ou ordres.

ARTICLE TROISIEME.

Les proviſions & commiſſions des Gouverneur Lieutenant général & Intendant ou de ceux qui les repréſenteront, ſeront adreſſées aux Conſeils Supérieurs & préſentées à ces compagnies, par les Procureurs Généraux, pour y être procédé à l'enrégiſtrement des dites proviſions & commiſſions & autres actes, en préſence des dits Officiers purement & ſimplement & ſans aucun délai ; ſauf les repréſentations que SA MAJESTÉ permet aux dits Conſeils Supérieurs de lui faire, ſur les diſpoſitions que renfermeront les dites proviſions & commiſſions, après toutefois l'enrégiſtrement des dites proviſions & commiſſions.

ARTICLE QUATRIEME.

Les commiſſions ou ordres des Officiers militaires & des Officiers d'adminiſtration qui doivent avoir ſéance, rang & voix délibérative dans les Conſeils Supérieurs, ſeront remiſes par les Gouverneur Lieutenant Général & Intendant, ou Ceux qui les repréſenteront aux dits Conſeils, pour proceder à l'enrégiſtrement des dites commiſſions, après néanmoins que le procureur général, aura donné ses concluſions; & ces Officiers ſeront reçus ſans autres formalités après avoir préalablement prêté le ſerment des autres Officiers des dits Conſeils.

ARTICLE CINQUIEME.

Les lettres Royaux ou dépêches au profit des particuliers en matiere de juſtice, ſeront adreſſées aux

aux Conseils Supérieurs auxquels elles seront présentées par les intéressés en la maniere accoutumée, pour y être Enrégistrées, sauf les oppositions. A l'égard des brévets de don, ils seront Enrégistrés à la premiere réquisition des impétrants sur la simple mention qui y sera faite de la charge à eux imposée de les présenter à l'Enrégistrement, sans qu'il soit besoin d'adresse ni de mandement aux Conseils Supérieurs; & les dits brévets seront enrégistrés sans difficulté ni modification, sauf aux dits Conseils à représenter sur le contenu en iceux, ce qu'il appartiendra. Lesquelles représentations ne pourront surprendre l'effet des dits dons.

ARTICLE SIXIEME.

Les requêtes en Enrégistrement de titre de noblesse, ne seront reçuës, qu'en justifiant par les demandeurs d'une permission de SA MAJESTÉ à cet effet, signée du Sécrétaire d'Etat ayant le département de la marine, laquelle demeurera déposée au Greffe des dits Conseils pour y en être délivré une expédition aux intéressés.

ARTICLE SEPTIEME.

L'Intendant ou Celui qui le représentera, convoquera incessamment les assemblées des officiers de chacun des Conſeils Supérieurs, dans leſquelles les Loix, Ordres, ou Commiſſions à enrégiſtrer, ſeront diſtribuées à un rapporteur qui mettra ſans déplacer *le ſoit montré* au Procureur général qui les remettra dans les vingt quatre heures au Conſeiller rapporteur, lequel ſera tenu de faire ſon rapport dans les trois jours ſuivants.

ARTICLE HUITIEME.

Ordonne SA MAJESTÉ aux dits Conſeils Supérieurs de procéder ſans autre délai, à l'Enrégiſtrement pur & ſimple des Loix, Ordres, & Commiſſions qui leur ſeront préſentées dans la forme & de la maniere marquée dans les articles précédens.

ARTICLE NEUVIEME.

Défend SA MAJESTÉ à ſes Conſeils Supérieurs d'inſérer dans tous les arrêts d'enrégiſtrement, ni modification ni reſtriction ni éxplication ni aucune autre clauſe qui puiſſe ſurſeoir ou empêcher la pleine & entiere éxécution des dites Loix, Ordres ou Commiſſions; ſauf aux dits Conſeils en cas qu'en délibérant ſur les dites Loix, Ordres ou Commiſſions, s'ils jugent néceſſaire de faire des repréſentations à SA MAJESTÉ ſur leur contenu, à en faire un arrêt, mais ſéparement de l'arrêt d'enrégiſtrement & de nommer des commiſſaires pour préparer & rédiger les dites repréſentations dont il ſera par eux rendu compte à la compagnie, de la maniere & dans les délais qu'elle leur aura fixé; ſans que ſous ce prétexte, l'éxécution des loix, Ordres, ou Commiſſions puiſſe être ſurſiſe, ou retardée.

ARTICLE DIXIEME.

SA MAJESTÉ prenant en conſidération la difficulté ou l'éloignement met de connoitre bien parfaitement les objets de légiſlation dans ſes Colonies, ſi differents des objets de légiſlation dans les autres parties de ſon Royaume, & que de l'intervalle des occaſions des Loix ou Ordres à leur envoi, le changement des circonſtances peut les rendre moins convenables & même contraires au bien des Colonies & de leurs habitans en général, permet SA MAJESTE aux dits Conſeils dans le cas ou en délibérant ſur quelque Ordre ou Loix, ils y trouvoient quelques diſpoſitions contraires ſoit à la lettre d'autres ordres ou loix déja enrégiſtrées & auſquels il n'auroit pas été nommément dérogé, ſoit a la nature des objets de légiſlation locale ou dont l'éxécution cauſeroit néceſſairement, ou un préjudice public, ou un dommage irréparable dans l'application particuliere, de ſurſeoir à l'enrégiſtrement des dits Ordres ou Loix, ſur délibération à la pluralité des voix; pourvu néammoins & non autrement, que les Gouverneur Lieutenant Général & Intendant ou ceux qui les repréſenteront, ſoient l'un & l'autre d'avis de la dite ſurſéance, à l'effet de quoi ces Officiers aſſiſteront à ces délibérations, & ſera dréſſé procès verbal des raiſons & motifs de la dite ſurſéance, dans lequel ſeront rapportées les diſpoſitions contraires dans les loix non expreſſement abrogées & indiqués les faits ſur leſquels porteront les raiſons de non convenance dans les Loix ou Ordres propoſés à l'Enrégiſtrement.

ARTICLE ONZIEME.

Lorſque SA MAJESTÉ aura fait connoitre ſes intentions ſur l'éxécution des Loix ou Ordres auxquels elle permet de ſurſeoir, il ſera procédé à l'Enrégiſtrement pur & ſimple des Loix & Ordres dont l'éxécution aura été ordonnée de nouveau ou que SA MAJESTÈ aura fait expédier ſur les repréſentations.

ARTICLE DOUZIEME.

Veut SA MAJESTE que les Conſeils Supérieurs remettent une expédition en bonne forme des repréſentations, procès verbaux, & autres actes que SA MAJESTE leur permet de lui adreſſer, aux Gouverneur Lieutenant Général & Intendant ou ceux

30 7.bre 1766

qui les repréſenteront, qui leur donneront leurs *récipiſſé* & que les Conſeils Supérieurs envoyent une éxpédition des actes au Sécrétaire d'Etat ayant le département de la marine, pour ſur le tout être donné les Ordres que SA MAJESTE croira convenir.

ARTICLE TREIZIEME.

Les ordres particuliers ou autres expéditions dont SA MAJESTE jugera à propos de donner connoiſſance aux Conſeils Supérieurs & les inſtructions qu'elle croira devoir leur faire paſſer par des dépêches du Sécrétaire d'Etat ayant le département de la marine, ſeront envoyés par le dit Sécrétaire d'Etat aux Gouverneur Lieutenant Général & Intendant ou ceux qui les repréſenteront, & par eux remis aux dits Conſeils Supérieurs qui ordonneront que ces Ordres, Actes, ou Inſtructions, ſeront portés ſur leurs régiſtres pour y avoir recours toutes les fois que ſera béſoin, ſauf aux dits Conſeils à repréſenter ce qu'ils croiront être du bien de la colonie relativement aux objets traités dans les ordres ou dépêches.

ARTICLE QUATORZIEME.

Veut SA MAJESTE que les Gouverneur Lieutenant Général & Intendant ou ceux qui les repréſenteront, laiſſent aux Officiers des Conſeils Supérieurs toute la liberté dans leurs délibérations ſur les objets dans les cas mentionnés ès articles troiſieme, dixieme & treizieme, qu'aucun d'eux ne ſoient inquiétés à ce ſujet & que dans tous les cas ils ne puiſſent être *interdits*, *ſuſpendus*, *ou privés* de l'éxercice de leurs offices, que par l'ordre exprès de SA MAJESTE qui ne pourra lui être demandé, qu'en envoyant au Sécrétaire d'Etat ayant le département de la marine les preuves des faits imputés aux dits Officiers auxquels ces faits & preuves auront été en même temps communiquées, pour qu'ils puiſſent de leur côté pourvoir à leur juſtification, ou bien par jugement de leur compagnie que les Gouverneur Lieutenant Général & Intendant ou ceux qui les repréſenteront, pourront provoquer par le miniſtere des Procureurs Généraux, ſoit d'office, ſoit ſur la plainte d'une partie.

MANDE ET ORDONNE SA MAJESTE aux Gouverneur Lieutenant Général & Intendant, ou ceux qui les repréſenteront & aux Conſeils Supérieurs des Iſles de France & de Bourbon, de ſe conformer, chacun en ce qui les concerne, à la préſente ordonnance qui ſera enrégiſtrée aux dits Conſeils Supérieurs.

Fait à Verſailles le trente ſeptembre mil ſept cent ſoixante ſix. *Signé* LOUIS, & plus bas le DUC DE PRASLIN.

Régiſtrée, oui & ce requérant le Procureur Général du Roy; pour être éxécutée ſelon ſa forme & teneur, ſuivant l'arrêt de ce jour. Fait au Port-louis Iſle de France en la chambre du Conſeil tenu ce jourdhui lundy vingt ſept juillet mil ſept cent ſoixante ſept. Signé DUTILLET.

DECLARATION DU ROY.

Sur la Discipline des Conseils Supérieurs aux Isles de France & de Bourbon.

LOUIS PAR LA GRACE DE DIEU ROY DE FRANCE ET DE NAVARRE. A tous ceux qui ces présentes lettres verront SALUT.

La distribution de la justice due à nos sujets des Isles de France & de Bourbon, ayant été réglée par des Edits Déclarations & Réglements que nous venons de rendre, éxigeant que nous expliquions nos intentions sur ce qui regarde la discipline des Conseils Supérieurs des dites Isles, afin de leur donner une forme stable & permanente, nous avons cru ne pouvoir mieux faire que de réunir dans une seule loi toutes les dispositions qui y sont relatives, A Ces Causes & autres à ce nous mouvant de l'avis de notre Conseil & de notre certaine science, pleine puissance & Autorité Royale, nous avons par la présente déclaration dit, statué & ordonné, disons, statuons & ordonnons, voulons & nous plait ce qui suit.

ARTICLE

1er 8bre 1766

ARTICLE PREMIER

Ne pourront à compter des sept premieres années de l'Enrégistrement des présentes être pourvu des offices de Conseillers & Procureur Généraux dans nos Conseils Supérieurs des Isles de France & de Bourbon, que des Avocats âgés de vingt sept ans & qui ayent fréquenté le barreau dans quelqu'un des Parlements du Royaume ou dans quelqu'un des siéges Royaux dépendant d'un des Parlements, ou qui y ayent éxercé quelque charge de judicature & ce, pendant quatre années; a l'effet dequoi ceux qui voudront obtenir notre nomination & nos lettres pour l'un des dits Offices, seront tenus de nous représenter, ou le certifficat de fréquentation du barreau, signé du Batonnier des Avocats & légalisé par le parquet du Parlement, ou du siége Royal, ou une attestation de service dans un Office de Judicature, signée par la compagnie assemblée, & légalisée par le Parquet du Parlement, nous réservant de donner la préférence aux habitans qui auront rempli les conditions cy-dessus prescrites.

ARTICLE SECOND.

Nous nous réservons dans tous les tems la nomination & les provisions des dits Officiers; Voulons en cas de vacance de l'office de notre procureur Général dans l'un des dits Conſeils Supérieurs, pendant les dites ſept premieres années, qu'en attendant nos nominations & proviſions, le dernier Conſeiller Titulaire reçu en rempliſſe les fonctions.

ARTICLE TROISIEME.

Les ſéances de nos Conſeils Supérieurs ne ſeront point interrompues, Voulons que les Conſeillers Titulaires, nos Procureurs Généraux & leurs Subſtitut dans nos dits Conſeils Supérieurs faſſent leur réſidence habituelle, ſçavoir Celui de l'Iſle de France au Port-louis, & Celui de l'Iſle de Bourbon à St. Denis, dans leſquels lieux nous avons quant à préſent fixé la tenue des ſéances des dits Conſeils nous réſervant d'en ordonner autrement, ſi le bien de notre ſervice ou l'utilité des juſticiables le requierent.

ARTICLE QUATRIEME.

Nos dits Conſeils Supérieurs continueront de rendre la juſtice à nos ſujets, ſans frais ni épices, en ce qui les regarde nous réſervant de pourvoir à l'indemnité du déplacement des Officiers que nous obligeons à réſidence.

ARTICLE CINQUIEME.

Inceſſamment après l'enrégiſtrement des préſentes

les Conſeils Supérieurs arrêteront le nombre de leurs ſéances par ſemaine, le jour, l'heure de ces ſéances & la nature des affaires qui y ſeront éxaminées & jugées.

ARTICLE SIXIEME.

Tous les Conſeillers Titulaires aſſiſteront aux ſéances s'ils n'en ſont empêchés par maladie, ou pour raiſon de ſervice; ne pourront cependant à l'avenir les arêts tant en matiere civile que criminelle, être rendus que quand il y aura au moins ſept juges.

ARTICLE SEPTIEME.

Le ſervice des Aſſeſſeurs ſera réglé par les Conſeils Supérieurs de maniere à ne pas préjudicier à leur fortune & à ne pas les mettre dans le cas de négliger les occaſions de ſe rendre dignes de nos graces.

ARTICLE HUITIEME.

Les Procureurs Généraux des dits Conſeils Supérieurs ordonneront du ſervice de leurs Subſtituts, dans les dits Conſeils Supérieurs; ils pourront pour de fortes raiſons leur donner des congés de maniere que le ſervice du Parquet n'en ſouffre pas.

ARTICLE NEUVIEME.

Il n'y aura de vacance que la quinzaine de Paques, & depuis le premier octobre jusqu'au premier novembre inclusivement : Permettons aux dits Conseils Supérieurs de donner des congés à ceux de leurs membres qui leurs justifieront des raisons indispensables de la vérification desquelles nous chargeons leur honneur & leur conscience, sans cependant que ces congés puissent être répétés plus d'une fois dans l'année ni prorogés au delà d'un mois, ni accordés ou prorogés, s'il n'y a dans le lieu des séances au moins cinq Conseillers Titulaires en état de servir, desquels Congés & de leur motif & durée, Nous voulons que les Gouverneur Lieutenant Général & Intendant, ou ceux qui les représenteront, soient informés sur le champ pour nous en rendre compte.

ARTICLE DIXIEME.

Les Officiers des Conseils Supérieurs obligés à résidence, qui se diront appellés en France pour leurs affaires ne pourront y passer qu'après les publications ordinaires, sans un congé qui pourra leur être accordé par leurs Sieurs Gouverneur Lieutenant Général & Intendant ou ceux qui les représenteront, qu'ils informeront des motifs de leur passage. Permettons aux dits Officiers d'adresser en même tems leurs demandes & les motifs au Sécrétaire d'Etat ayant le département de la marine pour nous en être rendu compte.

1.er 8.bre 1766

ARTICLE ONZIEME.

Le ſecond Conſeiller de chacun des Conſeils Supérieurs aura la police & la diſcipline intérieure de ſa compagnie & il rendra compte de tout ce qui s'y paſſéra, à l'Intendant ou à celui qui le repréſentera.

ARTICLE DOUZIEME

Ordonnons aux Conſeillers des dits Conſeils Supérieurs de pourſuivre en mercuriales ceux de leurs Officiers qui feront choſes repréhenſibles ou dérogeantes aux Ordonnances : enjoignons aux Gouverneur Lieutenant Général & Intendant ou ceux qui les repréſenteront, aux ſeconds Conſeillers & Procureurs Généraux des dits Conſeils Supérieurs de promouvoir les dittes mercuriales, & a nos Procureurs Généraux d'en pourſuivre le jugement préférablement à l'expédition de toutes autres affaires.

ARTICLE TREIZIEME.

Enjoignons aux ſeconds Conſeillers de nos Conſeils Supérieurs, Conſeillers & Procureurs Généraux de ſe dénoncer les uns & les autres ; de provoquer les aſſemblées de leurs compagnies, & d'y faire information contre les infractures des Ordonnances, ſans aucune diſſimulation, nonobſtant toutes amitiés & alliances & de faire le procès aux coupables de façon qu'ils ſoient puni des peines portées par les Ordonnances. Il ſera fait régiſtre a part des dits procès & ſeront les dites mercuriales envoyées au Sécrétaire d'Etat ayant le département de la marine pour nous en être rendu compte.

ARTICLE QUATORZIEME.

Donnons pouvoir & autorité à nos dits Conſeils Supérieurs de proceder, toutes affaires ceſſantes, à la ſuſpenſion, privation d'office, ou autres peines ſuivant l'exigence des cas, contre ceux qui ſe trouveront coupables.

ARTICLE QUINZIEME.

Seront traités & jugés en mercuriales, ſoit les négligences dans le ſervice, ſoit les contraventions aux Ordonnances qui deffendent aux Officiers de nos Cours, tant de recevoir directement ou indirectement aucune eſpece de dons ou préſents, d'aucun de ceux qui auront affaire devant eux; que d'acheter des droits litigieux, & de donner leurs voix dans les affaires dont ils auront fait leur propre.

ARTICLE SEIZIEME.

Seront auſſi matiere d'éxamen en mercuriales, les

mœurs publiques des Officiers de nos Conſeils Supé rieurs, & leur conduite avec leurs créanciers, & ſeront ſuſpendus après un premier avertiſſement, & privés de leurs Offices en cas de récidive, ceux dont les mœurs ſeront peu réglés qui auront des mauvaiſes conteſtations avec leurs créanciers, & qui ſetrouveront éxpoſés a des contraintes par corps, ou a des pour ſuites réïtérées de la part des mêmes créanciers par toutes autres raiſons, que la caſualité des revenus bien conſtatée : permettons en conſéquence aux dits créanciers de porter leurs plaintes aux dits Gouverneur Lieutenant Général & Intendant, ou ceux qui les repréſenteront, qui les dénonceront eux mêmes ou les feront dénoncer par le ſecond Conſeiller, en leur remettant les plaintes ſur leſquelles ces Officiers ſeront tenus de provoquer les mercuriales, a peine d'en répondre aux créanciers, de quoi nous nous reſervons la connoiſſance & le jugement.

1.er 8.bre 1766

ARTICLE DIX-SEPTIEME

Les Officiers de nos Conſeils Supérieurs & ceux des ſiéges civils, les Notaires, les Huiſſiers & tous autres pourvus de commiſſion des Gouverneur Lieutenant Général & Intendant ou de ceux qui les repréſenteront, ou de nos proviſions ne ſeront au ſurplus reçus dans l'exercice de leurs Offices ou emplois, qu'après l'information de vie & mœurs qui ne poura être faite que dans le lieu de leurs domiciles : A l'égard de ceux qui auront résidé dans la colonie au moins pendant un an, & qu'en rapportant par ceux que nous avons pourvu en France atteslation de bonne vie & mœurs signée de leur curé & des chefs de la compagnie dans laquelle ils auront été immatriculés, les dites atteslations duement légalisées sauf a nos Procureurs Généraux à requérir encore information de vie & mœurs sur les lieux, à l'égard de ceux qui auront pu y donner lieu de se plaindre de leur conduite depuis leur arrivée dans la colonie, le tout sans préjudicier à l'éxamen des Officiers de judicature, sur la coutume, sur les ordonnances, & sur la partie du droit romain adoptée en France, & tous autres Officiers & ministres sur les loix relatives à leur état ou emploi, suivant les matieres qui seront indiquées par l'Intendant ou celui qui le représentera & à leur défaut par le second Conseiller de chaque Conseil Supérieur.

SI DONNONS EN MANDEMENT A nos Amés & Féaux les Gouverneur Lieutenant Général & Intendant, ou a ceux qui les représenteront & aux Officiers des Conseils Supérieurs des Isles de France & de Bourbon, que Notre présente Déclaration ils ayent a faire régistrer, lire & publier & le contenu en icelle garder & observer selon sa forme & teneur nonobstant tous Edits, Déclarations, Arrêts Réglements & autres choses à Ce contraires auxquels Nous avons dérogé & dérogeons par la présente Déclaration.

tion. CAR TEL EST NOTRE PLAISIR, En témoin de quoi Nous avons fait mettre notre ſcel à ces dites préſentes. Donné à Verſailles le premier jour du mois d'octobre, l'an de grace mil ſept cent ſoixante ſix & de Notre Régne le cinquante deuxieme *Signé*. LOUIS, & plus bas par le Roy, *Signé* CHOISEUL DUC DE PRASLIN.

Régiſtré, oui & ce requérant le Procureur Général du Roy pour y être éxécutée ſelon ſa forme & teneur ſuivant l'arrêt de ce jour. Fait au Port-louis Iſle de France en la Chambre du Conſeil tenu ce jourdhui lundy vingt juillet mil ſept cent ſoixante ſept. Signé DUTILLET.

ORDONNANCE.

Concernant le Gouvernement Civil des Isles de France & de Bourbon.

DE PAR LE ROY.

SA MAJESTÉ voulant régler tout ce qui concerne l'administration générale & particuliere des Isles de France & de Bourbon, non seulement par rapport au Gouvernement de ces Isles, mais encore par rapport à la distribution de la justice ; elle a ordonné & ordonne ce qui suit:

ADMINISTRATION GENERALE.

ARTICLE PREMIER.

Le Gouverneur Lieutenant Général pour SA MAJESTÉ, ou celui qui le représentera, aura le Commandement sur tous les Commandans ou autres Officiers employés dans son Gouvernement ; sur tous les Gens de Guerre ; sur les Armateurs faisant le commerce dans les ports de son dit Gouvernement; & en général ſur tous les habitans de chacune des Iſles de France & de Bourbon.

25 7.bre 1766

ARTICLE SECOND.

Le Gouverneur Lieutenant Général, ou celui qui le repréſentera contiendra les Gens de Guerre en bon ordre & diſcipline, & les habitans dans la fidélité & l'obéiſſance qu'ils doivent à SA MAJESTE, ſans toutefois que ſous ce prétexte, ils puiſſent entreprendre ſur les fonctions attribuées par les Ordonnances aux Officiers de juſtice en matiere de police ou autre, ni s'entremettre ſous quelque prétexte que ce ſoit, dans les affaires qui auront été portées devant eux ou qui ſeroient de nature a y être portées; & en général en toutes matieres contentieuſes; ni citer devant lui aucun des dits habitans à l'occaſion de leurs conteſtations, ſoit en matiere civile, ſoit en matiere criminelle lui enjoint, SA MAJESTE, de prêter main forte à l'éxécution de tous les Décrèts, Sentences, Ordonnances, ou Jugements & Arrêts à la premiere réquiſition qui lui en ſera faite, ſans qu'il puiſſe en aucun cas, empêcher ou retarder la dite éxécution, comme auſſi de veiller à la diſpenſation & adminiſtration de la juſtice dans l'étendue de ſon Gouvernement & à l'obſervation des Ordonnances ſur la police générale, & de lui rendre compte de toutes les négligences ou abus qui pourroient s'y gliſſer pour y être pourvu par SA MAJESTÉ, ainſi qu'elle aviſera bon être.

ARTICLE TROISIEME.

Pourra néanmoins le dit Gouverneur Lieutenant Général ou celui qui le repréſentera mander les dits habitans dans les cas qui l'éxigeront pour le bien du ſervice, & le bon ordre de la Colonie, ſans qu'il puiſſe les obliger de monter la garde chez lui ou chez les Commandans particuliers, ni les contraindre de porter des ordres hors de leurs quartiers, ni d'arrêter perſonne ſauf toutefois les cas d'intelligence avec les ennemis, de rébellion ou autres de pareille nature qui troubleroient l'ordre & la ſureté publique: lui enjoint, SA MAJESTÉ, d'en uſer aux dits cas, avec toute la circonſpection & le ménagement néceſſaires pour le bien de ſes ſujets.

ARTICLE QUATRIEME.

Le Gouverneur Lieutenant Général ou celui qui le repréſentera donnera ſeul aux Officiers ou habitans, les permiſſions de s'embarquer pour ſortir de la Colonie, après néanmoins que les publications ordinaires pour la ſureté des créanciers auront été faites, & qu'il aura été ſtatué ſur les oppoſitions des dits créanciers, par les Conſeils Supérieurs.

ARTICLE CINQUIEME.

Défend, SA MAJESTÉ, aux Capitaines de ſes vaiſſeaux, des vaiſſeaux de la Compagnie des Indes, & de tous les autres de recevoir ſur leur bord aux Iſles de France & de Bourbon, aucun paſſager de quelqu'état & condition qu'il puiſſe être, ſoit que les dits paſſagers aillent dans l'Inde, ſoit pour revénir en Europe, ſans la permiſſion du dit Gouverneur Lieutenant Général ou celui qui le repréſentera, à peine de répondre en leur propre & privé nom, des dommages & intérêts envers les dits créanciers & de plus grande peine ſuivant l'éxigence des cas.

25 7bre 1766

ARTICLE SIXIEME.

En cas de décès, abſence, ou autre empêchement du dit Gouverneur Lieutenant Général ou de celui qui le repréſentera, le commandement paſſera entre les mains du plus ancien Officier en grade, conformement à l'Ordonnance du ſix aouſt de la préſente année, à moins que SA MAJESTÉ n'y eut pourvu par des lettres particulieres de ſervice, & le dit Officier remplira toutes les fonctions du dit Gouverneur Lieutenant Général juſqu'a ce que le dit Gouverneur Lieutenant Général ſoit en état de les reprendre, ou qu'il y ait été autrement pourvu par SA MAJESTÉ; le dit Officier réſidera au dit cas dans le Chef lieu à l'effet de pouvoir ſe concerter avec l'Intendant ou celui qui le repréſentera, dans les affaires dont la connoiſſance leur eſt attribuée en commun; & cependant ne pourra au dit cas le dit Commandant prétendre aux appointemens fixés pour la place de Gouverneur Lieutenant Général, ſauf a y avoir par SA MAJESTÉ, tel égard qu'elle jugera à propos.

ARTICLE SEPTIEME.

Tout ce qui eſt porté par les articles précédents ſera obſervé par le dit Gouverneur Lieutenant Général ou par celui qui Commandera à ſa place, & ce ſous peine de révocation ou autre qu'il appartiendra, ſuivant l'éxigence des cas.

ARTICLE HUITIEME.

Tout cequi concerne la Régie, Adminiſtration, Maniement & Diſtribution des derniers appartenant à SA MAJESTÉ, ne pourra être régie ou ordonné que par l'Intendant ou celui qui le repréſentera dans les dites Iſles.

ARTICLE NEUVIEME.

L'Intendant ou celui qui le repréſentera ordonnera pareillement ſeul de l'entretien des lieux ou ſe rend la juſtice, des Hopitaux & de tous les autres batimens deſtinès au ſervice du public.

25 7bre 1766

ARTICLE DIXIEME.

L'Intendant ou celui qui le repréſentera veillera à ce que les juges ne ſoient point troublés dans l'éxercice de leurs fonctions, & les ſujets de SA MAJESTÉ foulés ni grévés dans l'optention de la juſtice, comme auſſi à ce qu'elle leur ſoit adminiſtrée conformement aux loix qui doivent la régir, & que les Ordonnances ſur la police génerale ſoient obſervées, & il rendra compte éxactement à SA MAJESTÉ de tout ce qui pourra intéreſſer le bien de la juſtice, pour y être par elle pourvu ainſi qu'il appartiendra.

ARTICLE ONZIEME.

L'Intendant ou celui qui le repréſentera écoutera les plaintes & griefs qui lui ſeront adreſſés par les habitans de la Colonie, ſur quelque objet que ce puiſſe être, & il en inſtruira ſur le champ le Gouverneur Lieutenant Général ou celui qui le repréſentera, ou le Procureur général de SA MAJESTE, chacun en ce qui pourra le concerner, à l'effet d'y être apporté tel remede qui ſera jugé néceſſaire : lui enjoint, SA MAJESTE, de lui rendre compte éxactement tant des dites plaintes & griefs que de ce qui aura été fait pour y remédier.

ARTICLE DOUZIEME.

Dans le cas ou le dit Intendant ou celui qui le repréſentera ſe trouveroit abſent de la Colonie, le plus ancien Officier d'adminiſtration, remplira toutes ſes fonctions ſans éxception ; ce qui ſera pareillement obſervé en cas que le dit Intendant vint à décéder ſans que pour cela le dit Officier d'adminiſtration puiſſe prétendre aux appointements attachés à la place d'Intendant, ſauf à SA MAJESTE à y pourvoir comme elle aviſera bon être.

ARTICLE TREIZIEME.

Les Officiers d'adminiſtration, les Gardes-magaſin, & les commis des différents détails de l'adminiſtration ne répondront qu'à l'Intendant, ou à celui qui le repréſentera, le garde magaſin de l'Artillerie ſera le ſeul qui réponde tant au dit Intendant qu'au Commandant de l'Artillerie.

ARTICLE QUATORZIEME.

L'Intendant aura au ſurplus, ſur tout ce qui concerne la marine, tant Royale que marchande ; les mêmes pouvoirs & autorités que les Ordonnances de la marine de mil ſix cent quatre vingt neuf & de mil ſept cent ſoixante cinq, ont attribués aux Intendants des Ports de France.

ARTICLE.

ARTICLE QUINZIEME.

25 7.bre 1766

Le Gouverneur Lieutenant Général & l'Intendant, ou ceux qui les repréſenteront, formeront chaque année un état des beſoins des dites Iſles pour l'année ſuivante, & des demandes qu'ils eſtimeront devoir faire à SA MAJESTE au ſujet de l'adminiſtration générale dans les dites Iſles, lequel état ils ſigneront en commun, ſauf a faire chacun en particulier un état à part de ce qui pourra concerner la partie dont il eſt chargé.

ARTICLE SEIZIEME.

Dans le cas ou le Gouverneur Lieutenant Général ou celui qui le repréſentera jugeroit néceſſaire de faire faire quelques ouvrages pour la défenſe des dites Iſles, leſquels ne pourroient être éxécutés qu'au moyen d'impoſitions ſur les habitans, ou de corvées extraordinaires, il en ſera délibéré dans un Conſeil de guerre compoſé du dit Gouverneur Lieutenant Général, de l'Intendant, ou celui qui le repréſentera, de l'Ingénieur, de deux plus anciens Officiers des Troupes, & de deux Officiers de Milice qui ſeront les deux plus anciens Commandants de quartier, & les dits ouvrages ſeront ſuſpendus ou éxécutés ſuivant que le dit Conſeil l'aura décidé à la pluralité des voix.

ARTICLE DIX-SEPTIEME.

Il ſera dreſſé procès verbal des avis des délibérants & de leurs motifs, ces avis ſeront autant qu'il ſe pourra réduits à l'acceptation ou au réfus de la propoſition; permet cependant, SA MAJESTE, d'ouvrir un avis de tempérament, les voix pour chaque avis ſeront priſes & comptées par l'Intendant & il ſera fait mention d'icelles, ſans déſigner les auteurs de ces avis, le procès verbal en ſera rédigé dans le même acte, & ſigné de tous les délibérants auxquels SA MAJESTÉ veut qu'il ſoit laiſſé toute liberté pour opiner, & ſera fait dépôt des mémoires, plans & devis & de la délibération tant dans le Greffe du Conſeil Supérieur de réſidence que dans celui de l'Intendance.

ARTICLE DIX-HUITIEME.

Le mémoire des Gouverneur Lieutenant Général & Intendant, les plans & devis eſtimatifs de la dépenſe & les procès verbaux de délibération, ſeront envoyés au ſécretaire d'Etat ayant le département de la marine par les dits Gouverneur Lieutenant Général & Intendant, pour ſur le rapport du dit ſécretaire d'Etat, être par ſa MAJESTÉ ordonné ce qu'il appartiendra.

ARTICLE DIX-NEUVIEME.

25. 7bre 1766

Les concessions des terres & emplacements seront faites par le Gouverneur Lieutenant Général conjointement avec l'Intendant, ou ceux qui les réprésenteront aux dites Isles, conformément aux ordonnances & réglements faits à ce sujet.

ARTICLE VINGTIEME

Les permissions pour affranchir les esclaves seront pareillement données par eux conjointement, suivant les régles préscrites & gratuitement sans que les dits affranchissements puissent précéder les permissions qu'ils auront donné, & ils observeront à cet égard les dispositions de l'ordonnance du vingt aoust dernier, sauf en cas d'opposition de la part des parties intéressées, à y être pourvu par la justice ordinaire.

ARTICLE VINGT-UNIEME.

Les Gouverneur Lieutenant Général & Intendant ou ceux qui les représenteront, auront seuls le droit d'ordonner les corvées nécessaires pour l'entrétien & réparation des chemins; d'en régler la répartition, & l'Intendant connoitra de toutes contestations qui pourroient survenir à ce sujet.

ARTICLE VINGT-DEUZIEME.

Les Gouverneur Lieutenant Général & l'Intendant, ou ceux qui les repréſenteront, veilleront à la ſureté des chemins Royaux ou autres, & des rues, places & carrefours des villes, & ils donneront les ordres à ce néceſſaires, ainſi que pour l'éxécution des réglements de police qui auroient été faits à cet égard.

ARTICLE VINGT-TROISIEME.

Les Commandants entretenus par SA MAJESTÉ & les Commandants de quartier, veilleront ſous l'autorité du Gouverneur Lieutenant Général ou de celui qui le repréſentera, à tout ce qui intéreſſera la ſureté & la tranquillité de leur commandement, y feront éxécuter les ordres du dit Gouverneur Lieutenant Général, & lui rendront compte de tout, & ſeront au ſurplus tenus de ſe conformer aux diſpoſitions portées par la préſente Ordonnance.

ADMINISTRATION PARTICULIERE.

DE LA POLICE.

ARTICLE VINGT-QUATRIEME.

Le Gouverneur Lieutenant Général & l'Intendant, ou ceux qui les repréſenteront, pourront faire tels réglements qu'ils jugeront néceſſaires pour empêcher les aſſemblées qui pourroient troubler la tranquillité & la ſureté de la Colonie, & le Gouverneur Lieutenant Général ou celui qui le repréſentera, pourra faire arrêter les contrevenans à la charge de les remettre dans les vingt quatre heures à la juſtice ordinaire pour être punis ſuivant l'éxigence des cas.

ARTICLE VINGT-CINQUIEME.

En ce qui concerne l'approviſionnement des Colonies, la pêche des riviéres, la chaſſe ſur les terres, & dans les bois qui ne ſont pas enclos, les conceſſions de terres & emplacements, leur réunion au domaine, l'éxécution ou l'uſage des conceſſions des terrains non encore établis, les ſaignemens des rivieres, ou la diſtribution des eaux, la police des ports, les réglemens ne pourront être faits que par les dits Gouverneur & Intendant conjointement.

ARTICLE VINGT-SIXIEME.

Tout ce qui concerne les affranchissements, l'ouverture des chemins Royaux & de communication, & introduction des vaisseaux étrangers, soit parlementaires soit porteurs des passeports, ou de ceux qui sont obligés de relâcher dans les ports des dites Isles, sera pareillement réglé par les dits Gouverneur Lieutenant Général & Intendant conjointement, ou ceux qui les représenteront, à l'exclusion de tous autres.

ARTICLE VINGT-SEPTIEME.

Dans le cas ou les dits Gouverneur Lieutenant Général & Intendant, se trouveroient d'avis différents sur les objets compris dans les deux articles précédents, ils enverront incessamment à SA MAJESTÉ leurs avis avec les motifs sur lesquels ils seront fondés pour y être par elle pourvu, ainsi qu'il appartiendra ; & cependant le réglement sera dressé au nom des dits Gouverneur & Intendant conformement à l'avis proposé par le dit Gouverneur, & éxécuté jusqu'à ce qu'il en ait été autrement ordonné par SA MAJESTÉ.

ARTICLE VINGT-HUITIEME.

Ne pourront néanmoins les dits Gouverneur Lieutenant Général & Intendant, ou ceux qui les repré-

25 7.bre 1766

ſenteront, faire aucun réglement de police par rapport à des objets ſur leſquels il auroit été ſtatué par des Édits, Déclarations & Réglements enrégiſtrés aux Conſeils Supérieurs, ſauf à propoſer à SA MAJESTE, les changements qui leur paroitront néceſſaires, pour y être pourvu par SA dite MAJESTE.

ARTICLE VINGT-NEUVIEME.

Tous les réglements faits par les dits Gouverneur Lieutenant Général & Intendant en éxécution des articles précédents, ſeront préſentés aux Conſeils Supérieurs, pour être enrégiſtrés, & éxécutés juſqu'à ce que par SA MAJESTE, il en ait été autrement ordonné; ſans qu'il puiſſe être apporté aucun retardement au dit enrégiſtrement. Sauf aux dits Conſeils à faire enſuite telles repréſentations qu'ils aviſeront bon être pour y être par SA MAJESTE pourvu ainſi qu'il appartiendra.

ARTICLE TRENTIEME.

Les Conſeils Supérieurs des lieux tiendront la main à l'éxécution de tous les ſuſdits réglemens de police & connoitront des contraventions qui y ſeront faites.

DE LA JUSTICE.

ARTICLE TRENTE-UNIEME.

La justice sera rendue en premiere instance & en dernier ressort dans chacune des Isles de France & de Bourbon par les Officiers des Conseils Supérieurs créés par Edit du mois de juin dernier.

ARTICLE TRENTE-DEUXIEME.

Les Conseils Supérieurs ne pourront s'immiscer directement ni indirectement dans les affaires qui regarderont ce Gouvernement ; & ils se renfermeront à rendre la justice aux sujets de SA MAJESTE.

ARTICLE TRENTE-TROISIEME.

Les dits Conseils Supérieurs connoitront de toutes matieres civiles & criminelles, à l'éxception des cas portés dans les articles, quarante quatre, quarante cinq & quarante huit, déffend, SA MAJESTÉ, à toutes parties de se pourvoir ailleurs que par devant eux, à peine de deux mille livres d'amende applicables moitié au profit de sa MAJESTE & le surplus à l'hôpital du domicile de la partie contrevenante.

ARTICLE TRENTE-QUATRIEME

La connoissance des crimes ou délits qui auront été

été commis par des Officiers ou ſoldats, autres toute fois que les délits militaires, appartiendra aux dits Conſeils Supérieurs.

25 7.bre 1766

ARTICLE TRENTE-CINQUIEME.

En cas qu'un accuſé ſe ſoit pourvu par devant le Gouverneur Lieutenant Général ou celui qui le repréſentera, pour obtenir de ſa MAJESTE ſa grace, il en ſera déliberé entre le Gouverneur Lieutenant Général, & l'Intendant ou ceux qui les repréſenteront & le Procureur général de SA MAJESTE, & s'il à été décidé entre eux à la pluralité des voix, que l'acuſé eſt dans le cas d'obtenir ſa grace, il ſera ſurſis a la lecture & à l'éxécution de l'Arrêt, juſqu'à ce que ſur le vu de leurs avis qui ſera rédigé par écrit & envoyé à SA MAJESTÉ avec l'éxpédition des charges & informations, il ait été par elle ſtatué ſur la dite grace, ce qu'il appartiendra.

ARTICLE TRENTE-SIXIEME.

Le Gouverneur Lieutenant Général ou celui qui le repréſentera aura entrée, ſéance & voix délibérative ſeulement dans les Conſeils Supérieurs & y prendra la premiere place.

ARTICLE TRENTE-SEPTIEME.

L'Intendant on celui qui le repréſentera aura la

Préſidence des Conſeils Supérieurs & voix délibérative ſeulement, il pourra les aſſembler extraordinairement lorſque le bien du ſervice l'éxigera, après toutefois qu'il en aura prévenu le Gouverneur Lieutenant Général & lui en aura communiqué les motifs.

ARTICLE TRENTE-HUITIEME.

Lorſque le Gouverneur Lieutenant Général ou ceux qui auront titre pour le repréſenter tant à l'Iſle de France qu'à l'Iſle de Bourbon, ne s'y trouveront point, le plus ancien Officier en grade, aura droit d'aſſiſter aux Conſeils Supérieurs des dites Iſles & d'y avoir voix délibérative : il occupera la premiere place à côté de celle du Gouverneur, qui reſtera vacante.

ARTICLE TRENTE-NEUVIEME.

Le plus ancien Officier d'adminiſtration aſſiſtera au Conſeil Supérieur de ſa réſidence, lorſque l'Intendant ou celui qui aura titre pour le repréſenter ne s'y trouvera pas, prendra ſéance en la place de l'Intendant; il aura voix délibérative & en qualité de premier Conſeiller, il fera les fonctions de Préſident, en l'abſence de l'Intendant on de celui qui aura titre pour repréſenter le dit Intendant.

25 7.bre 1766

ARTICLE QUARANTIEME.

Le Gouverneur Lieutenant Général & l'Intendant, ou ceux qui les repréſenteront, nommeront aux offices d'Aſſeſſeurs, de Subſtitut de Procureurs Généraux & de Greffiers aux Conſeils Supérieurs, les Officiers par eux nommés ſeront reçus en la maniere accoutumée ſur la Commiſſion proviſoire qui leur en aura été donnée, & feront les fonctions de leurs offices, en attendant qu'ils ayent reçus les proviſions de SA MAJESTÉ, ſauf à les repréſenter auſſi-tôt après aux Tribunaux auxquels elles auront été adreſſées pour y être enrégiſtrées en la forme ordinaire.

ARTICLE QUARANTE-UNIEME.

Le choix des Huiſſiers & Notaires appartiendra au dit Intendant ou à celui qui le repréſentera, & seront reçus aux Conſeils Supérieurs en la forme ordinaire.

ARTICLE QUARANTE-DEUXIEME.

Ne pourront les Conſeils Supérieurs connoitre des clauſes de conceſſion, réunion au domaine, diſtribution d'eau pour l'arroſage des terres, des ſervitudes des chemins, ponts, aqueducs, chaſſe, pêche ſur les côtes, ni dans les rivieres; la connoiſſance en appartiendra au Tribunal Terrier dans lequel il ſera procédé dans la forme & de la maniere marquée dans l'Ordonnance de ce jour qui fixe la composition de ce Tribunal.

DES FINANCES.

ARTICLE QUARANTE-TROISIEME.

Tout ce qui concerne la Régie & le Maniement des deniers appartenants à SA MAJESTÉ, à titre de déshérence, confiſcation, amende ou autres pareils de quelque nature qu'ils puiſſent être, ne pourra être réglé que par l'Intendant, ou celui qui le repréſentera dans chacune des dites Iſles.

ARTICLE QUARANTE-QUATRIEME.

Les Receveurs des dits droits, d'aubaine, de batardiſe, déshérence, épaves, confiſcation & autres droits domaniaux ſeront choiſis & commis par l'Intendant ou celui qui le repréſentera.

ARTICLE QUARANTE-CINQUIEME.

Les deniers provenants des dits droits, ne pourront être délivrés qu'en vertu des ordonnances qui ſeront données par l'Intendant, ou celui qui le repréſentera, en conformité des États arrêtés par SA MAJESTÉ.

25 7.bre 1766

ARTICLE QUARANTE-SIXIEME.

Les entreprifes & marchés pour les ouvrages publics, feront faits fous l'autorité de l'Intendant ou de celui qui le repréfentera, fuivant la forme ordinaire par adjudication au rabais, & les procès verbaux d'adjudication feront envoyés inceffamment au Sécrétaire d'État ayant le département de la marine.

ARTICLE QUARANTE-SEPTIEME.

Le Gouverneur Lieutenant Général ou celui qui le repréfentera, ne fe mêlera en aucune maniere de ce qui regarde l'adminiftration des finances; il pourra feulement lorfqu'il le jugera à propos, demander à l'Intendant ou à celui qui le repréfentera, un bordereau de la fituation de la caiffe de la Colonie, & l'Intendant ou celui qui le repréfentera fera tenu de le lui donner.

ARTICLE QUARANTE-HUITIEME.

Connoitra l'Intendant ou celui qui le repréfentera des excés, abus, & malverfations qui pourroient être commis dans le recouvrement des droits appartenants à SA MAJESTÉ, & au cas qu'il fut néceffaire de procéder extraordinairement contre les auteurs des dits excés, abus, ou malverfations, le procès fera fait & parfait & jugé en dernier reffort par le dit Intendant ou celui qui le repréfentera, en prenant le nombre des Gradués, portés par les Ordonnances & le dit procès ſera inſtruit à la requête d'un Procureur pour SA MAJESTÉ, qui ſera nommé par le dit Sieur Intendant, ou celui qui le repréſentera qui commettra pareillement un Greffier.

ARTICLE QUARANTE-NEUVIEME.

Le dit Intendant ou celui qui le repréſentera, connoitra en outre, de toutes les lévées de deniers que les habitans de chaque quartier, bourgs ou villes de la Colonie, auroient été par lui autoriſés à faire entre eux pour les affaires communes.

ARTICLE CINQUANTIEME.

En cas qu'il ſoit néceſſaire de faire entre les habitans une lévée de deniers, pour les dépenſes annuelles des dits quartiers, bourgs, villes ou paroiſſes, ou pour réparations ou autres ouvrages communs, ainſi que pour le payement des dettes auquel ils auroient été condamnés, le dit Sieur Intendant ou celui qui le repréſentera, pourra ordonner la dite lévée & répartition, quand même elle n'auroit pas été délibérée par les dits habitans, & il connoitra ſauf l'appel au Conſeil de SA MAJESTÉ, de toutes les conteſtations qui pourroient naitre à ce ſujet.

ARTICLE CINQUANTE-UNIEME.

L'Intendant ou celui qui le repréſentera connoitra

25 7.bre 1766

ſeul de ce qui concerne la police des Egliſes, leur conſtruction, réparation, ornements & meubles qui y ſont néceſſaires, & généralement tout ce qui intéreſſe les fabriques & les diſcuſſions qui pourroient naître entre les Curés & les dites fabriques.

Mande et Ordonne SA MAJESTE, aux Gouverneur Lieutenant Général & Intendant, ou à ceux qui les repréſenteront, & aux Conſeils Supérieurs des Iſles de France & de Bourbon, de ſe conformer chacun en ce qui les concerne, au préſent Réglement qui ſera enrégiſtré aux dits Conſeils Supérieurs. Fait à Compiégne le vingt cinq ſeptembre mil ſept cent ſoixante ſix. *Signé* LOUIS, & plus bas **le Duc de Praslin.**

Régiſtré, oui & ce requérant le Procureur Général du Roy pour être éxécutée ſelon ſa forme & teneur ſuivant l'arrêt de ce jour. Fait au Port-louis Iſle de France en la Chambre du Conſeil tenu ce jourd'hui lundy vingt ſept juillet mil ſept cent ſoixante ſept. Signé DUTILLET.

ORDONNANCE.

Portant qu'en cas de mort ou d'abſence du Gouverneur Lieutenant Général aux Iſles de France & de Bourbon, le Commandant particulier ſous ſes ordres à l'Iſle de Bourbon Commandera en chef dans les dites deux Iſles.

DE PAR LE ROY.

SA MAJESTE, ayant jugé néceſſaire pour aſſurer ſon ſervice aux Iſles & Colonies Françaiſes de l'Amerique de pourvoir par ſon Ordonnance du trente un août mil ſept cent ſoixante quatre au commandement des dites Iſles & Colonies en cas de mort ou d'abſence des Gouverneurs Lieutenants Généraux pour elle aux dites Iſles & Colonies, & voulant également aſſurer dans le même cas ſon ſervice aux Iſles de France & de Bourbon, afin de prévenir les difficultés & les inconvénients qui pourroient ſurvenir dans les dits cas de mort ou d'abſence. SA MAJESTE a ordonné & ordonne, veut & entend qu'en cas de mort ou d'abſence du Gouverneur Lieutenant Général pour elle aux dites Iſles de France & de Bourbon ou de celui qui le repréſentera, le Commandant particulier ſous ſes ordres à l'Iſle de Bourbon

6 aouſt 1766

Bourbon commande en chef dans les dites deux Iſles & qu'au défaut du dit Commandant particulier de l'Iſle de Bourbon, le plus ancien Officier en grade ait le commandement en chef dans les dites deux Iſles. Le tout à moins que SA MAJESTÉ, pour des raiſons particulieres n'en ait autrement ordonné, ainſi qu'elle ſe réſerve de le faire, ſe réſerve pareillement SA MAJESTÉ, de régler l'augmentation d'appointements que les dits Officiers ſeront dans le cas de mériter pendant l'*Interim*. Et ſera la préſente Ordonnance enrégiſtrée aux Conſeils Supérieurs des dites Iſles de France & de Bourbon, publiée & affichée par tout ou beſoin ſera. Fait à Verſailles le ſix août mil ſept cent ſoixante ſix. *Signé* LOUIS, & plus bas le DUC DE PRASLIN.

Régiſtré, oui & ce requérant le Procureur Général du Roy pour être éxécutée ſelon ſa forme & teneur ſuivant l'arrêt de ce jour. Fait en la Chambre du Conſeil tenu ce jourd'hui vingt neuvieme août mil ſept cent ſoixante ſept. Signé DUTILLET.

ORDONNANCE.

Portant qu'en cas de mort, ou d'abſence de l'Intendant des Iſles de France & de Bourbon, le plus ancien Commiſſaire de la marine y remplira les fonctions d'Intendant.

SA MAJESTE ayant jugé néceſſaire d'aſſurer, & de régler par ſon Ordonance du dix-neuf ſeptembre mil ſept cent ſoixante cinq, le ſervice des Officiers d'adminiſtration dans les Iſles & Colonies Françaiſes de l'Amerique, en cas de mort ou d'abſence de l'Intendant, aux dites Iſles & Colonies, ou de l'Ordonnateur dans les dites Iſles & Colonies, ou il n'y a point d'Intendant; & voulant que la même uniformité de ſervice ait lieu aux Iſles de France & de Bourbon, afin de prévenir les difficultés & les inconvénients qui pourroient ſurvenir dans les dits cas de mort ou d'abſence, SA MAJESTE, a ordonné & ordonne, veut, & entend qu'en cas de mort ou d'abſence de l'Intendant des dites Iſles de France & de Bourbon, ou de celui qui le repréſentera, le plus ancien Commiſſaire de la marine qui ſe trouvera employé aux dites Iſles, y rempliſſe toutes les fonctions de l'Intendant; le tout à moins que, SA MAJESTE, pour des conſidérations particulieres n'en ait autrement ordonné, ainſi qu'elle ſe réſerve de le faire. Se réſerve pareillement SA MAJESTE de régler l'augmentation d'appointements que le Commiſſaire de la marine qui remplira les fonctions de l'Intendant, ſera dans le cas de mériter pendant l'*Interim*. Et ſera la préſente Ordonnance enrégiſtrée aux Conſeils Supérieurs des Iſles de France & de Bourbon, & publiée & affichée par tout ou beſoin ſera. Fait à Verſailles, le ſix août mil ſept cent ſoixante ſix. *Signé* LOUIS; & plus bas, le DUC DE PRASLIN.

6 aoust 1766

Régiſtrée, oui, & ce requérant le Procureur général du Roy, pour être éxécutée ſelon ſa forme & teneur, ſuivant l'arrêt de ce jour. Fait en la chambre du Conſeil tenu ce jourd'hui vingt-neuvieme août mil ſept cent ſoixante ſept. Signé DUTILLET.

ORDONNANCE.

Concernant les affranchiſſements des négres eſclaves aux Iſles de France & de Bourbon.

DE PAR LE ROY.

SA MAJESTE eſtimant néceſſaire de faire exécuter aux Iſles de France & de Bourbon, les diſpoſitions qui ont été faites pour les Colonies Françaiſes de l'Amerique., pour empêcher les abus qui s'étoient introduits au ſujet de l'affranchiſſement des eſclaves, elle a ordonné, & ordonne ce qui ſuit:

ARTICLE PREMIER.

A l'avenir il ne ſera permis à aucune perſonne de quelque qualité & condition qu'elles ſoient, d'affranchir leurs eſclaves, ſans en avoir auparavant obtenu par écrit, la permiſſion du Gouverneur Lieutenant Général, & de l'Intendant des Iſles de France & de Bourbon, ou de ceux qui les repréſenteront aux dites Iſles, leſquels accorderont les dites permiſſions ſans aucun frais, lorſque les motifs qui leurs ſeront expoſés par les maitres qui voudront affranchir leurs eſclaves, leur paroitront légitimes.

ARTICLE SECOND.

20 aout 1766

Veut, SA MAJESTE, que tous les affranchiſſements qui ſeront faits à l'avenir ſans ces permiſſions, ſoient nuls, & que les affranchis n'en puiſſent jouir, ni être reconnus pour tels, & qu'au contraire ils ſoient tenus, cenſés & réputés eſclaves ; & que les maitres en ſoient privés ; & que les eſclaves ſoient vendus au profit de SA MAJESTE.

ARTICLE TROISIEME.

Fait, SA MAJESTE, très expreſſes inhibitions & defenſes, à tous Prêtres deſſervants les Cures des Iſles de France & de Bourbon, de baptiſer comme libres, aucuns enfans provenants de gens de couleur, ou de ſang mélé, à moins que l'affranchiſſement des meres ne leur ſoit prouvé auparavant, par des actes de liberté revétus de la permiſſion par écrit des Gouverneur Lieutenant Général & Intendant des dites Iſles, ou de ceux qui les repréſenteront, deſquels actes ils ſeront tenus de faire mention ſur les régiſtres des baptêmes.

ARTICLE QUATRIEME.

Ordonne, SAMAJESTE, que les enfans qui ſeront baptiſés comme libres, quoique leurs meres ſoient eſclaves ſoient toujours réputés eſclaves, que leurs maitres en ſoient privés, & que les dits eſclaves ſoient vendus au profit de SA MAJESTÉ; & que les maitres ſoient en outre condamnés à une amende, qui ne pourra être moindre que la valeur des dits eſclaves.

MANDE ET ORDONNE, SA MAJESTÉ, aux Gouverneur lieutenant Général & Intendant des Iſles de France & de Bourbon, ou à ceux qui les repréſenteront, & autres les Officiers qu'il appartiendra de tenir la main, chacun en droit ſoi, à l'éxécution de la préſente Ordonnance qui ſera régiſtrée, publiée & affichée par tout ou beſoin ſera. Fait à Compiégne le vingt août mil ſept cent ſoixante ſix. *Signé* LOUIS & plus bas le DUC DE PRASLIN.

Régiſtrée, oui, & ce requérant le Procureur général du Roy, pour être éxécutée ſelon ſa forme & teneur, ſuivant l'arrêt de ce jour. Fait en la chambre du Conſeil tenu ce jourd'hui vingt-neuvieme août mil ſept cent ſoixante ſept. Signé DUTILLET.

ORDONNANCE

Servant de réglement pour le prix des denrées & marchandises que la Compagnie des Indes doit fournir aux habitans des Isles de France & de Bourbon & de celles que la Compagnie doit prendre des dits habitans.

DE PAR LE ROY.

SA MAJESTÉ, ayant donné ses Ordres pour la reprise de possession en son nom, des Isles de France & de Bourbon, conformément à l'Edit du mois d'août mil sept cent soixante quatre & estimant nécessaire de rendre public le tarif suivant lequel doivent être payées à la Compagnie des Indes, les denrées & marchandises qu'elle fournira aux habitans & le prix auquel la Compagnie s'est obligée de recevoir leurs denrées, SA MAJESTÉ, a ordonné & ordonne ce qui suit.

ARTICLE PREMIER.

La Compagnie des Indes continuera comme cy-devant, à fournir aux habitans des Isles de France & de Bourbon, toutes les denrées & marchandises d'Europe généralement quelconques dont ils pourront avoir beſoin & ce conformément au privilége de la dite Compagnie.

ARTICLE SECOND.

Pour remplir l'objet des beſoins des dits habitans le Gouverneur Lieutenant Général & l'Intendant, ou ceux qui les repréſenteront, à l'Iſle de France, dreſſeront de concert avec le Prépoſé de la Compagnie un état des articles qui devront être envoyés tous les ans aux dits habitans ; le Commandant particulier & le Commiſſaire de la marine Ordonnateur de l'Iſle de Bourbon en dreſſeront un autre avec le Prépoſé de la compagnie dans la dite Iſle & il en ſera adreſſé une éxpédition de chacun à la dite Compagnie à Paris, par leur Prépoſé & un double au Sécrétaire d'État ayant le département de la marine, par les Gouverneur Lieutenant Général & Intendant ou ceux qui les repréſenteront & les chargements des dites denrées & marchandiſes deſtinées pour l'Iſle de France ſeront ſéparées de celles deſtinées pour l'Iſle de Bourbon.

ARTICLE TROISIEME.

Les denrées & marchandiſes que la Compagnie enverra pour les beſoins des dites Iſles, ſeront diviſées en quatre claſſes : celles de la premiere claſſe, ſeront payées par les habitans à cent pour cent en

ſus

fus du prix de la facture, celles de la feconde claffe a quatre-vingt pour cent, celles de la troifieme claffe à cinquante pour cent, & celles de la quatrieme claffe à trente pour cent également en fus du prix de facture.

20 7.bre 1766

ARTICLE QUATRIEME.

Premiere Claffe.

Seront réputées de la premiere claffe, toutes boiffons, comme Vins, Eaux de vie, Liqueurs, l'Huile, le Beurre, & le Suif.

Toute efpece de Verrerie, Criftaux, Fayances.

Toute Viande falée, comme Bœuf, Lard.

Bouchons de liége, Glaces, Miroirs, Pipes à fumer, Savon, Sel, la Mâture de toute efpece & le Goudron.

Seconde Claffe

La Farine fera de la feconde claffe.

Troifieme Claffe.

Les Marchandifes de la troifieme claffe, feront: l'Acier, le Fer, ou ouvrages de fer de toute efpece y compris les Ancres & les Canons; la Quincaillerie, & Inftruments de fer de toute efpece, la Coutellerie, Balances, Poids, Cloux de toute efpece,

Mercerie en acier & en laiton, comme Aiguilles, Epingles, Hameçons, Cordages de toute eſpece, Bray, Bougies, Cuivre & Cuivreries.

Marmites de fer ou de potin, Étain ouvré.

Plomb de toute eſpece.

Pierres à fuſils.

Poudre à feu.

Fuſils, Piſtolets & Armes de toute eſpece garnis en cuivre ou acier. Toile de toute eſpece

Chapeaux, Souliers de toute eſpece pour homme & pour femme.

Selles & Harnois de toute eſpece.

Cuirs de toute eſpece pour la marine.

Meules à Aiguiſer de toutes grandeurs.

Papiers, Plumes & Encre & Poudre à poudrer.

Quatrieme Claſſe.

Les marchandiſes de la quatrieme claſſe ſeront: les Draps, Serges, Etoffes de ſoye & de laine de toute eſpece, Dorures, comme Galons d'or & d'argent, Boutons, Bas de ſoye, de cotton & de fil de toute eſpece, Bourſes à cheveux, & Plumets, Dentelles de blonde ou de fil de toute eſpece.

ARTICLE CINQUIEME.

Il ſera loiſible aux habitans de payer les denrées & marchandiſes qu'ils prendront dans les magaſins de la Compagnie, en or ou en argent de France au cours de France même ou en piaſtre d'Eſpagne au cours de cinq livres ſix ſols, ou en papier quelconque de la Compagnie que les Prépoſés ſeront tenus de recevoir ſans difficulté pour la valeur énoncée dans les dits billets.

ARTICLE SIXIEME.

La Compagnie des Indes ſera également tenue d'acheter aux habitans, les denrées du crû de leurs habitations : ſçavoir le Caffé loyal & marchand à ſept ſols la livre argent de France, le cotton ſans graine loyal & marchand, a onze ſols la livre argent de France.

Le bois d'ébeine ſain, à un ſol la livre, ou cinq livres le cent.

A l'égard des Grains & autres Commeſtibles du crû des dites Iſles, la Compagnie payera au prix courant dans les dites Iſles, ceux qu'elle prendra ſuivant ſes beſoins.

ARTICLE SEPTIEME.

La Compagnie des Indes payera les denrées des habitans, ſoit en compenſation du prix des denrées & marchandiſes qu'elle vendra à chacun d'eux, ſoit en argent de France, ou en argent d'Eſpagne, la piaſtre à cinq livres ſix ſols, ſoit en lettres de change ſur la Caiſſe de la Compagnie à Paris au choix des vendeurs.

ARTICLE HUITIEME.

Toutes perſonnes de quelque qualité & condition qu'elles ſoient qui vendront aux dites Iſles des marchandiſes d'Europe, ſeront regardées comme ſubſtituées à la dite Compagnie & réputées n'éxercer que ſon privilége & comme telles elles ſeront aſſujetties aux mêmes conditions, en conſéquence leur fait SA MAJESTÉ très expreſſes inhibitions & défenſes, de vendre aux dites Iſles aucune des marchandiſes qui y ſeront portées d'Europe au deſſus des prix fixés par la préſente Ordonnance. Veut SA MAJESTÉ qu'elles ſoient tenues de recevoir en payement des dites marchandiſes, les billets de monnoye de la dite Compagnie pour la valeur énoncée dans les dits billets, le tout à peine d'être pourſuivis extraordinairement comme *Monopoleurs*.

Mande et Ordonne, SA MAJESTÉ, aux Gouverneur Lieutenant Général & Intendant des Iſles de France & de Bourbon, ou à ceux qui les repréſenteront, au Commandant particulier, & au Commiſſaire de la marine Ordonnateur à l'Iſle de Bourbon & à tous autres qu'il appartiendra, de tenir la main à l'éxécution de la préſente Ordonnance qui ſera enrégiſtrée aux Greffes des conſeils Supérieurs des dites Iſles.

Fait à Compiégne le vingt ſeptembre mil ſept cent ſoixante ſix. *Signé* LOUIS, & plus bas le DUC DE PRASLIN.

Régiſtré oui le rapport & ce requérant le Procureur général pour être éxécutée ſelon ſa forme & teneur & copies collationnées envoyées dans tous les quartiers de l'Iſle pour y être publiées & affichées, ſuivant l'arrêt de ce jour. Fait au Port-louis Iſle de France en la Chambre du Conſeil tenu ce jourd'hui lundy vingt juillet mil ſept cent ſoixante ſept Signé DUTILLET.

ORDONNANCE.

Qui permet à tous les habitans des Isles de France & de Bourbon de faire le Commerce d'Inde en Inde.

DE PAR LE ROY.

27 9.bre 1766

SA MAJESTÉ, étant dans l'intention d'exciter & de favoriser la population & l'agriculture aux Isles de France & de Bourbon, elle a estimé que la liberté du Commerce d'Inde en Inde sans nuire au véritable objet du privilége accordé à la Compagnie des Indes, pourroit être très utile à ses vues sur ces Isles & à leurs progrès; en conséquence elle a accordé liberté entiere aux habitans des dites Isles de commercer dans l'Inde.

MANDE ET ORDONNE, SA MAJESTÉ, aux Gouverneur Lieutenant Général & Intendant des dites Isles, ou à ceux qui les représenteront, de faire jouir les dits habitans de la dite liberté & de tenir la main à l'éxécution de la présente Ordonnance qui sera enrégistrée aux Conseils Supérieurs des dites Isles.

Fait à Versailles le vingt-neuf novembre mil sept cent soixante six. *Signé* LOUIS, & plus bas le DUC DE PRASLIN.

Régistré, oui, & ce requérant le Procureur général du Roy, pour être éxécutée selon sa forme & teneur & Copies collationnées, envoyées dans tous les quartiers de l'Isle pour y être lues, publiées & affichées, suivant l'arrêt de ce jour. Fait au Port-louis Isle de France en la Chambre du Conseil tenu ce jourd'huy lundy vingt juillet mil sept cent soixante sept. Signé DUTILLET.

EDIT DU ROY.

Portant Suppreſſion du papier de monnoye créé par la Compagnie des Indes aux Iſles de France & de Bourbon & Création d'une monnoye de carte.

Decemb. 1768

LOUIS PAR LA GRACE DE DIEU ROY DE FRANCE ET DE NAVARRE. A tous préſents & avenir SALUT, étant informés que la Compagnie des Indes a établi aux Iſles de France & de Bourbon un papier monnoye & cette monnoye ne devant plus avoir cours depuis que nous avons pris le Gouvernement Civil & Militaire des dites Iſles, nous avons eſtimé néceſſaire en ſupprimant le dit papier monnoye, d'en créer un nouveau qui étant fixé pour toujours aux dites Iſles, puiſſe ſuppléer au défaut de petite monnoye dont les habitans ont abſolument beſoin pour la circulation intérieure des dites Iſles. A ces Cauſes & autres A ce nous mouvant de notre certaine ſcience, pleine puiſſance & autorité Royale, nous avons par ce préſent Edit ſtatué & ordonné ce qui ſuit :

ARTICLE PREMIER.

Le papier monnoye de quelque nature & valeur qu'il

qu'il puiſſe être fabriqué au nom de la Compagnie des Indes aux Iſles de France & de Bourbon, n'aura plus cours parmi les habitans des dites Iſles, à compter du jour de la publication du préſent Édit. Il ſera ſeulement reçu dans les magaſins de la dite Compagnie en payement des denrées, effets, munitions & marchandiſes que les dits habitans y prendront conformément à notre Ordonnance du vingt ſeptembre dernier.

Decemb. 1766

ARTICLE SECOND.

Tous les billets de caiſſe de la dite Compagnie de la valeur depuis vingt-cinq ſols, juſqu'à vingt-cinq livres incluſivement, valeur numéraire des dites Iſles exiſtant aux dites Iſles de France & de Bourbon, ſeront éteints & ſupprimés & les habitans des dites Iſles qui s'en trouveront nantis, ſeront tenus de les rapporter aux Commis des Tréſoriers Généraux des Colonies dans chacune des dites Iſles, deux mois après la publication du préſent Édit, pour tout délay après lequel ils ſeront nuls & ne ſeront plus reçus.

ARTICLE TROISIEME.

Le Commis des Tréſoriers Généraux des Colonies dans chacune des dites Iſles, fournira ſes reconnoiſſances de la même valeur des dits billets de caiſſe qui lui auront été rémis & lorſque la totalité des dits billets énoncés à l'article deux ſera rentrée entre les mains des dits commis des Tréſoriers Généraux des Colonies, il en ſera dreſſé procès verbal pour enſuite les dits billets être brûlés dans chaque Iſle. Sçavoir à l'Iſle de France en préſence du Gouverneur Lieutenant Général & Intendant, ou de ceux qui les repréſenteront, du Contrôleur de la marine & du Prépoſé de la Compagnie des Indes dans la dite Iſle ; & à l'Iſle de Bourbon, en préſence du Commandant Particulier, du Commiſſaire de la marine Ordonnateur de l'Officier d'adminiſtration faiſant fonction de Contrôleur de la marine, & du Prépoſé de la Compagnie dans la dite Iſle leſquels ſigneront tous les dits procès verbaux chacun dans leur département.

ARTICLE QUATRIEME.

Il ſera fait quatre éxpéditions des dits procès verbaux, dont une ſera dépoſée au Greffe de l'Intendance, la ſeconde au Bureau du Contrôle de la marine, la troiſieme ſera remiſe au Prépoſé de la Compagnie & la quatrieme ſera adreſſée au Sécrétaire d'Etat ayant le département de la marine.

ARTICLE CINQUIEME.

Pour ſuppléer aux dits billets de caiſſe, nous créons & établiſſons par le préſent Édit une monnoye de carte particuliere pour la somme de cinq cent dix mille livres tournois, suivant les modéles annéxés au présent Édit, laquelle aura cours dans chacune des dites Isles suivant le timbre dont chaque billet sera empreint:

Decemb. 1766

SAVOIR.

Vingt-cinq mille billets de trois livres; timbrés Isle de France; faisant soixante quinze mille livres. cy....	75000	
quarante mille billets de quarante sols, timbrés Isle de France, faisant quatre vingt mille livres. cy	80000	
soixante mille billets de vingt sols, timbrés Isle de France, faisant soixante mille livres. cy.	60000	260000
quatre vingt dix mille billets de dix sols, timbrés Isle de France, faisant quarante cinq mille livres. cy.	45000 l.	

Vingt-cinq mille billets de trois livres timbrés Isle de Bourbon, faisant soixante quinze mille livres. cy	75000	
quarante mille billets de quarante sols, timbrés Isle de Bourbon, faisant quatre vingt mille livres. cy.	80000	250000
quarante cinq mille billets de vingt sols, timbrés Isle de Bourbon, faisant quarante cinq mille livres. cy.	45000	
cent mille billets de dix sols timbrés Isle de Bourbon, faisant cinquante mille livres. cy	50000	

Total de cette monnoye de Carte. 510000. Liv.

ARTICLE SIXIEME.

Il ſera remis dans chacune des dites Iſſes de France & de Bourbon par les Commis des Tréſoriers Généraux des Colonies aux porteurs de reconnoiſſance dont il eſt fait mention en l'article trois du préſent Édit, de la monnoye de carte au *Prorata* pour la même valeur des dites reconnoiſſances & ce ſur l'ordre qui en ſera donné ſavoir aux Commis des Tréſoriers Généraux à l'Iſle de France par l'Intendant ou celui qui le repréſentera & aux Commis des dits Tréſoriers à l'Iſle de Bourbon par le Commiſſaire de la marine Ordonnateur & les dites reconnoiſſances ſeront rapportées au Contrôle de chacune des dites Iſles pour être brulées en la même forme preſcrite parl'article trois par rapport aux billets de caiſſe de la Compagnie des Indes.

ARTICLE SEPTIEME.

La dite monnoye de carte ſera reçue en tout tems & ſans difficulté, tant dans le commerce & dans tous les payements qui ſeront fait entre les habitans de chacune des dites Iſles que dans nos caiſſes des dites Iſles, toute fois & quand les dits habitans en demanderont le rembourſement en argent.

ARTICLE HUITIEME.

Toutes perſonnes de quelque qualité & condition

qu'elles ſoient qui ſeront convaincues d'avoir fabriqué ou contrefait la dite monnoye de carte ſeront pourſuivies & punies comme *faux monnoyeurs*.

SI DONNONS EN MANDEMENT, aux Gouverneur Lieutenant Général & Intendant des Iſles de France & de Bourbon ou à ceux qui les repréſenteront, aux Officiers de nos Conſeils Supérieurs des dites Iſles & aux autres Officiers qu'il appartiendra, que le préſent Edit, ils faſſent lire, publier & régiſtrer, & le contenu en icelui garder & obſerver ſelon ſa forme & teneur. CAR TEL EST NOTRE PLAISIR; & afin que ce ſoit choſe ferme & ſtable à toujours, nous y avons fait mettre notre Scel. Donné à Verſailles au mois de décembre l'an de grace mil ſept cent ſoixante ſix & de notre Regne le cinquante deuxieme. *Signé* LOUIS & plus bas le DUC DE PRASLIN.

Suit la forme des billets.

ISLE DE FRANCE

Bon pour tournois payables au Porteur, par le Commis des Tréſoriers Généraux des Colonies de l'Iſle de France en conformité de l'Edit du mois de décembre 1766.

Vu & Contrôlé au Bureau du Contrôle de l'Iſle de France.

ISLE DE BOURBON

Bon pour tournois payables au Porteur par le Commis des Tréforiers Généraux des Colonies de l'Isle de Bourbon, en conformité de l'Edit du mois de décembre 1766.

Vu & Contrôlé au Bureau du Contrôle de l'Isle de Bourbon.

Régistré, oui, & ce requérant le Procureur général du Roy, pour être éxécuté selon sa forme & teneur & Copies collationnées, envoyées dans tous les quartiers de l'Isle pour y être lues, publiées & affichées, suivant l'arrêt de ce jour. Fait au Port-louis Isle de France en la Chambre du Conseil tenu ce jourd'huy lundy vingt juillet mil sept cent soixante sept. Signé DUTILLET.

Le présent Édit a été lu & publié à haute & intelligible voix au son du tambour en tous les lieux ordinaires & accoutumés de l'Isle de France par moi Claude Jerome Louis Marquet huissier au Conseil Supérieur de l'Isle de France ce vingt juillet mil sept cent soixante sept, à ceque personne n'en prétende cause d'ignorance affiché le dit jour à la porte du Gréffe du dit Conseil au Port-louis Isle de France ce dit jour vingt juillet mil sept cent soixante sept *Signé* Marquet.

ORDONNANCE.

15 7.bre 1766

Concernant les Paroiſſes & les Hôpitaux des Iſles de France & de Bourbon.

DE PAR LE ROY.

SA MAJESTÉ, eſtimant néceſſaire de régler ce qui intéreſſe les Miniſtres de la Réligion, les Paroiſſes & les Hopitaux des Iſles de France & de Bourbon & la compétence des Gouverneurs Lieutenant Général & Intendant, ou ceux qui les repréſenteront; elle a ordonné & ordonne ce qui ſuit:

ARTICLE PREMIER.

Tout ce qui concerne la Religion en général & les Miniſtres étant de la compétence des Sieurs Gouverneurs Lieutenant Général & Intendant, ou de ceux qui les repréſenteront, ils doivent connoitre en commun de tout ce qui ſe paſſera aux Iſles de France & de Bourbon, & veiller à ce qu'il n'y ſoit rien introduit de contraire au bon ordre, & ſi quelqu'un des Miſſionnaires ſe mettoit dans le cas par une mauvaiſe conduite d'être renvoyé en France, ils ſe concerteront avec le Supérieur de l'Ordre pour le faire embarquer & éviter le ſcandale.

M

ARTICLE SECOND.

Les Gouverneur Lieutenant Général & Intendant ou ceux qui les repréſenteront auront ſoin d'empêcher qu'il ne ſoit reçu ni publié aux-dites Iſles aucun Bref de la Cour de Rome ſi ce n'eſt de ſimple Bref de pénitence, s'ils ne ſont revêtus de l'attache de SA MAJESTÉ & à eux adreſſés par le Sécrétaire d'Etat ayant le département de la marine.

ARTICLE TROISIEME.

Il ſera établi des fabriques dans chacune des Paroiſſes des dites Iſles, & il ſera dreſſé par les Gouverneur Lieutenant Général & Intendant ou ceux qui les repréſenteront un tarif des droits qui pourront être perçus ſoit par les dites fabriques ſoit par les Curés.

ARTICLE QUATRIEME.

Chaque fabrique de Paroiſſe, ſera tenue de donner tous les ans à ſon Curé, une barique de vin de Bordeaux de bonne qualité, & deux barils de farine fine, minot du poids de 180 liv. chacun.

ARTICLE CINQUIEME.

Chaque fabrique ſera chargée de la conſtruction & entretien de l'Egliſe paroiſſiale, de fournir des

Ornemens, Vaſes ſacrés, & généralement tout ce qui ſera néceſſaire pour le ſervice divin, à l'exception du vin & des hoſties qui ſeront à la charge des Curés.

ARTICLE SIXIEME.

Il ſera fait inceſſamment dans chaque Paroiſſe, un inventaire des Ornemens, Vaſes ſacrés, & de tous les meubles exiſtans dans chaque Paroiſſe, leſquels appartiendront à la fabrique à la charge comme il eſt dit à l'article précédent, de les entretenir, & remplacer, & le ſacriſtain en donnera ſa reconnoiſſance au bas de l'inventaire qui ſera fait triple, l'un pour reſter entre les mains du Curé, l'autre à la fabrique, & le troiſieme au Greffe de l'Intendance.

ARTICLE SEPTIEME.

Il ſera pareillement dreſſé procès verbal en préſence de l'Intendant ou de celui qui le repréſentera, du Procureur général du Conſeil Supérieur, du Curé & des marguilliers de chaque paroiſſe des dites Iſles, de tous les fonds affectés aux dites Paroiſſes, tant en immeubles que meubles, dotations, donations, legs pieux, & il ſera fait mention des charges, clauſes conditions des dites dotations, donations & legs, & une diſtinction préciſe de tout ce qui appartient à l'Ordre des prêtres de *St. Lazare* ou à SA

MAJESTÉ comme ayant repris ſes droits ſur la Compagnie des Indes. ou aux Paroiſſes mêmes, & les dits procès verbaux ſeront enrégiſtrés aux Greffes des Conſeils Supérieurs chacun dans ſon reſſort, & il en ſera envoyé un double au Sécrétaire d'Etat ayant le département de la marine.

ARTICLE HUITIEME.

Il ſera tenu dans chaque Paroiſſe trois régiſtres qui contiendront chacun les Célébrations de mariage les Baptêmes & ſépultures, dont un reſtera à chaque Paroiſſe, le ſecond ſera dépoſé au Greffe; & le troiſieme ſera envoyé en France au Sécrétaire d'État ayant le département de la marine, & ſeront ces dits régiſtres paraphés par l'Intendant ou celui qui le repréſentera ſur toutes les pages par premiere & derniere.

ARTICLE NEUVIEME.

SA MAJESTÉ, a révoqué & révoque le droit de *Patronage* qu'elle avoit cy-devant accordé à la Compagnie des Indes; SA MAJESTÉ ſe réſervant tous les droits ſeigneuriaux généralement quelconques,

ARTICLE DIXIEME.

L'Intendant ou celui qui le repréſentera aura également la police des Hôpitaux, il veillera à ce que les malades y ſoient bien traités & ſoignés, & qu'il n'y ait point d'abus dans les journéés, ſoit que les dits Hôpitaux ſoient gérés par œconomie ou par traité avec quelques entrepreneurs. Il ſe conformera au ſurplus aux diſpoſitions de l'Ordonnance rendue pour la manutention des Hôpitaux en France dont il lui ſera remis un éxemplaire.

ARTICLE ONZIEME.

Le Gouverneur Lieutenant Général ou celui qui le repréſentera pourra lorſqu'il le jugera a propos viſiter les Hôpitaux ou y envoyer un Officier de l'état major pour s'aſſurer de la maniere dont les malades y ſont traités & de la qualité des vivres qni leurs ſeront fournis, & d'avertir l'Intendant ou celui qui le repréſentera des abus qui pourront s'y paſſer.

Mande et Ordonne SA MAJESTÉ aux Gouverneur Lieutenant Général & Intendant ou à ceux qui les repréſenteront, & aux Conſeils Supérieurs des Iſles de France & de Bourbon de ſe conformer chacun en ce qui le concerne au préſent Réglement qui ſera enrégiſtré aux dits Conſeils Supérieurs.

Fait à Compiégne le quinze ſeptembre mil ſept cent ſoixante ſix, *Signé* LOUIS & plus bas le Duc de Praslin.

Régistrée, oui & ce requérant le Procureur général du Roy pour être exécutée selon sa forme & teneur, suivant l'arrêt de ce jour. Fait au Port-louis Isle de France en la Chambre du Conseil tenu ce jourd'hui mardy sept juin mil sept cent soixante huit. Signé *DUTILLET*.

ORDONNANCE.

1.er Decembre 1766.

Qui autoriſe les Commandant Général & Intendant des Iſles de France & de Bourbon à former un tarif pour le prix des marchandiſes d'Europe qui ſeront vendues au détail.

DE PAR LE ROY.

SA MAJESTÉ ayant réglé par ſon Ordonnance du vingt ſeptembre dernier les prix auſquels la Compagnie des Indes doit fournir aux habitans des Iſles de France & de Bourbon, les vivres, munitions & marchandiſes néceſſaires à leur conſommation & à leur commerce ; & conſidérant qu'il eſt indiſpenſable qu'il y ait aux dites Iſles des marchands qui après avoir acheté les dites marchandiſes dans les magaſins de la Compagnie, puiſſent les revendre en détail à ceux des habitans qui ne voudront pas s'en pourvoir en gros, il a paru juſte d'en permettre le débit aux dites Iſles, en accordant aux dits marchands en détail, un bénéfice qui en les dédommageant de leurs avances, ne ſoit pas onéreux aux habitans. En conſéquence, SA MAJESTÉ a autoriſé & autoriſe les Sieurs Gouverneur Lieutenant Général & Intendant, ou ceux qui les repréſenteront aux dites Iſles à dreſſer un tarif des prix auſquels les dits marchands pourront vendre au détail les dites denrées, munitions & marchandiſes; & le dit tarif ſera éxécuté proviſoirement juſqu'à ce que ſur le compte qui en ſera rendu à SA MAJESTÉ, il y ait été ſtatué définitivement.

Fait à Verſailles le premier décembre mil ſept cent ſoixante ſix. *Signé* LOUIS, & plus bas CHOISEUL DUC DE PRASLIN.

M Mikon Procignal

FIN.

CHARLES LOUIS DE TERNAY,

Chevalier de l'Ordre de Saint Jean de Jéruſalem, Gouverneur Général pour le Roi, aux Iſles de France & de Bourbon.

E T

JACQUES MAILLART DUMESLE,

Écuyer, Conſeiller du Roi en ſes Conſeils, Intendant de Juſtice, Police, Finances de la Guerre & de la Marine, & Préſident des Conſeils Supérieurs auxdites Iſles.

ÉTANT néceſſaire de Procurer aux Officiers de Police du Port-Louis, les moyens de la maintenir plus facilement, & voulant prévenir les déſordres qui pourroient naître par la ſuite dans cette partie; Nous en vertu des pouvoirs à Nous donnés par le Roi, avons ſtatués & ordonnés, ſtatuons & ordonnons ce qui ſuit.

ARTICLE PREMIER.

CHAQUE Propriétaire de maiſon, ou le principal Locataire, ſera tenû d'envoyer inceſſamment au Bureau de la Police, un État contenant ſon nom & celui de tous ceux qui y ſont logés, ainſi que la quantité d'Eſclaves des, qui ſont arrêtées dans les opérations relatives à cet objet, faute par pluſieurs perſonnes qui ont eu des affaires avec ladite Compagnie, de s'être préſentés au Bureau de la liquidation pour y débattre leur compte, repréſenter les Quittances néceſſaires & relever des erreurs de compte, dont pluſieurs ſont préjudiciables aux particuliers eux-mêmes.

Il eſt ordonné à toute perſonne, de qu'elle qualité & condition qu'elle ſoit, de ſe préſenter au Bureau de la liquidation, pour y examiner le compte qui lui ſera préſenté, le débattre & fournir les Pieces y relatives qu'il peut avoir, afin de parvenir à régler définitivement les comptes de chacun vis-à-vis de la Compagnie.

Et ſera le préſent, lu, publié & affiché partout où beſoin ſera, à ce que perſonne n'en ignore. Donné au Port-Louis, Iſle de France, ſous le ſceau de nos Armes & le contre-ſeing de nos Sécrétaires, le quatre Septembre mil ſept cent ſoixante douze. *Signé* LE CHEVALIER DE TERNAY. *Et plus bas*, par Monſieur le Général. *Signé* Becqx. *Signé* MAILLART DUMESLE. *Et plus bas*, par Monſieur l'Intendant. *Signé* Thorame.

A L'ISLE DE FRANCE, DE L'IMPRIMERIE ROYALE. 1772.

. 3

DE PAR LE ROY.

RÉGLEMENT DE POLICE

Concernant la Plantation des Arbres dans les Rues & les Entourages des Emplacemens & Maiſons du Port Louis Iſle de France, du 17 Juin 1769.

FRANÇOIS JULIEN DU DRESNAY

Chevalier Sgr. DESROCHES, Gouverneur Lieutenant Général, Commandant pour le Roy, aux Iſles de France & de Bourbon.

ET PIERRE POIVRE

Chevalier de l'ordre du Roy, Commiſſaire Général de la Marine, Commiſſaire pour SA MAJESTE, Ordonnateur, faiſant fonction d'Intendant aux dites Iſles de France & de Bourbon, Préſident des Conſeils Supérieurs y établis.

CONSIDÉRANT Combien il ſeroit utile & agréable aux Habitans du Port-Louis de cette Iſle, de réparer promptement la dévaſtation affreuſe de toute Eſpece d'Arbres qui a été faite dans l'étendue des Terreins occupés par les Maiſons & Emplacemens, & même à une grande diſtance aux alentours : & d'un autre côté, combien dans un Climat auſſi chaud, que l'est celui de la Ville du Port-Louis de l'Isle de France, l'aspect & le séjour dans un Lieu dénué une grande partie de l'année, de toute Espece de Verdure, est triste & désagréable, Nous avons Reglé ce qui suit.

ARTICLE PREMIER.

TOUS les Entourages des Maisons & des Terreins Concédés dans l'étendue du Port-Louis ne pourront plus être faits qu'en Hayes Vives, soit de Bambous, d'Acacia, de Mouroue, ou autres Plantes épineuses, à l'éxeption des Raquettes que Nous Ordonnons de détruire avec les précautions convenables; Exortons les Propriétaires des dits Terreins & Maisons à s'enclore en Murailles, Interdisant Expressément les Entourages en Palissades, Planches ou autres Bois morts, & ceux actuellement existans ne subsisteront que pour protéger les Semis ou Plantations de Hayes Vives; Permettons néanmoins à ceux des dits Propriétaires qui n'ont point d'entourages & dont les moyens ne permettent pas de s'enclore en murailles, de s'entourrer à claire voye en tapissant intérieurement en Hayes vives ou Plantes Epineuses & pour protéger ces mêmes Hayes.

ARTICLE II.

IL est Ordonné à chaque Propriétaire d'Emplacement borné par quatre Rues & à proportion, à ceux qui n'en ont que moitié ou quart d'Emplacement de planter sur les alignemens & aux distances de leurs Entourages, qui leur seront indiqués, la quantité de onze Arbres tels que, Tamariniers, Badamiers, Manguiers, ou Porchers, sur chaque face d'Emplacement complet dont la Rue correspondante sera de cinq toises de largeur & plus, & les dits Arbres seront plantés à dix huit pieds de distance les uns des autres pour les Emplacemens qui ont trente toises sur chaque face, & à seize pieds pour ceux qui n'ont que vingt six toises quatre pieds sur chaque face, sans Néanmoins que ces distances puissent gêner les dits Propriétaires par raport aux entrées & portes de leurs Maisons & Emplacemens; leurs laissant la liberté de diminuer ou augmenter ces distances, de façon qu'ils n'en puissent être incommodés, & en observant qu'il n'y ait dans une même Rue qu'une seule Espece d'Arbres, à l'effet de quoi & pour obvier à toutes difficultés, cette Espece sera par Nous désignée, sur l'Avis du plus grand nombre d'Habitans de la même Rue.

ARTICLE III.

LA Plantation Ordonnée par le précédent Article Commencera au jour de la Publication du présent Réglement pour être achevée à la fin du mois d'Août prochain. Enjoignons à chaque Propriétaire de garantir les Arbres des Vents & de la morsure des Animaux en les assurant par des Tuteurs ou palissades & les entourrant de gaulettes ou de planches suivant qu'il le Jugera convenable; lui Enjoignons pareillement d'arroser les dits Arbres, de les tailler à la hauteur de Tige qui sera désignée & de remplacer ceux qui pousseroient mal ou viendroient à périr.

ARTICLE IV.

CHAQUE Arbre sera planté dans un Trou de quatre pieds de Roy sur ses trois dimensions de Longueur, Largeur & Profondeur, les dits Trous resteront ouverts trois à quatre jours au moins pour recevoir les influences de l'air & ne feront remplis qu'au moment de la Plantation avec de bonne terre transportée à pied d'œuvre immédiatement après l'excavation. Ordonnons aux dits Propriétaires chacun en droit soi de couvrir les dits Trous & Excavations pendant la nuit pour prévenir les accidents & de se munir de Gaulettes, Planches & Palissades au moment de la Plantation pour assurer l'Arbre planté contre les Vents & les animaux ainsi qu'il est prescrit par l'Article précédent.

ARTICLE V.

DANS toutes les Grandes Rues, comme celles dites, du Champ de Mars, celle du Rempart, de Desforges, des Cazernes, & autres ayant sept Toises de largeur, chaque Propriétaire de Maison & Emplacement sera tenu d'élever un petit Trotoir de six pouces de hauteur, qui pour plus de solidité & de propreté sera terminé du côté des Arbres par une Bordure de bon Moëlons dégrossis au marteau, & encastrés de deux pouces au moins dans le Terrein Naturel. Ces Trotoirs auront six pieds de Roy de Largeur & seront formés en Pierrailles couvertes de gravier le long de son Entourage, entre le dit Entourage & l'alignement des Arbres.

ARTICLE VI.

DANS les autres Rues qui n'auront pas moins de cinq Toises de largeur, les Trotoirs n'auront que quatre pieds de largeur & seront construits & placés ainsi qu'il est porté dans l'Article précédent & enfin dans les Rues qui auront moins de cinq Toises il ne sera point construit de Trotoirs s'il y a des Arbres à y planter.

ARTICLE VII.

LES Malabars & Lascars Propriétaires de Maisons & Emplacemens seront également tenus de planter dans leur Quartier des Arbres de la même espece que ceux désignés cy dessus, à la distance de quinze pieds les uns des autres & sur une même ligne le long de leurs Entourages.

ARTICLE VIII.

ENJOIGNONS aux dits Propriétaires d'Emplacemens & Maisons de faire faire & parfaire les dits Trotoirs & la Plantation des dites Hayes vives dans le cours de six mois à compter du jour de la Publication de la présente Ordonnance & la Plantation des Arbres d'icy au dernier Août prochain, à peine contre les Refusans de cent livres d'Amende pour chaque Trotoir non fait & de dix livres pour chaque Arbre non planté ou non remplacé. Nous Réservant en outre de faire faire les dites plantations & Trotoirs aux frais & dépens des dits Propriétaires ou Refusans.

ARTICLE IX.

ENJOIGNONS de tenir les Cochons & Cabrits renfermés sans pouvoir les laisser vaguer dans la Ville ni le jour ni la nuit, & aux Noirs gardiens & Pâtres de ces Animaux ainsi que des Bœufs & Vaches d'avoir attention à ce qu'en menant paître leurs Bestiaux ils n'endommagent les Arbres ou les Palissades & Entourages qui les défendront à peine du fouet & d'être responsables par les Maîtres des dits Animaux du dommage qu'ils auroient causés.

ARTICLE X.

DÉFENDONS expressément à toutes Personnes de quelque Condition

& Qualité qu'elles ſoient d'Endommager, Couper, ou Arracher les dits Arbres & Hayes ſous peine d'être pourſuivis & punis ſuivant la Rigueur des Ordonnances, Enjoignons à tous de Courre ſus & arrêter ceux qui tenteroient d'endommager les Arbres & Hayes & de les conduire au corps de garde & aux Priſons pour leur Procès être fait & parfait à la Requête du Procureur Général du Roy.

ET ſera la préſente Ordonnance Enrégiſtrée au Conſeil Supérieur de cette Iſle, Lue, Publiée & Affichée partout ou beſoin ſera.

Fait au Port-Louis Iſle de France le dix ſept Juin mil ſept cent ſoixante neuf. *Signé* LE CHEVALIER DES ROCHES ET POIVRE. Plus bas eſt écrit

Vu par moi Procureur Général du ROY, *au Conſeil Supérieur de l'Iſle de France, l'Ordonnance cy deſſus Je Requiers pour le* ROY *Icelle être Enrégiſtrée pour être lue, Publiée, affichée partout ou beſoin ſeroit & exécutée ſelon ſa forme & teneur. Au Port-Louis Iſle de France le vingt Juin mil ſept cent ſoixante neuf.* Signé *DERIBES.*

Régiſtré oui & ce Requérant le Procureur Général du ROY, pour être exécutée ſelon ſa forme & teneur, ſuivant l'Arrêt de ce jour, fait au Port-Louis Iſle de France en la Chambre du Conſeil tenue ce jourd'huy mardi vingt Juin mil ſept cent ſoixante neuf. *Signé* DUTILLET.

Collationné à l'Original par Nous Greffier du Conſeil Supérieur *de l'Iſle de France ſouſſigné ce jourd'hui vingt juin mil ſept cent ſoixante neuf. DUTILLET*

A l'ISLE DE FRANCE.
DE L'IMPRIMERIE ROYALE.

M. D C C LX IX.

REGLEMENT

POUR LA COMMUNE.

Du seize Septembre mil sept cent soixante douze, le Conseil Supérieur de l'Isle de France assemblé, séants Messieurs de Ternay, *Commandant Général*, Maillart Dumesle, *Président*, de Courcy, de Candos, Galloys, de Chazal, Codere, Rivalz de Saint Antoine, Denis de la Coudraye, *Conseillers*, Thébault, Launay & Voysin, *Assesseurs.*

LA COUR jugeant nécessaire de pourvoir à la sûreté & à la tranquilité de la Colonie, que le grand nombre de Noirs Marrons ne cesse de troubler depuis long-tems, désirant parvenir à les extirper, Elle à réglé, arrêté & ordonné ce qui suit.

ARTICLE PREMIER.

TOUS Propriétaires d'Esclaves, Dépositaires, Fermiers, de quelque état, grade, qualité & condition qu'ils soient, seront tenus de déclarer l'évasion de leurs noirs, dans le cours & délai de huit jours, à compter de celui de l'évasion, passé lequel tems, le Maître, Fermier ou Dépositaire aura de droit encourû une amande de cinquante livres pour chaque Esclave non déclaré & sera condamné à payer ladite amande, sur la simple dénonciation de la personne à laquelle le Registre où seront inscrites les déclarations de marronage, sera confié par M. M. les Chefs de l'Administration, ou du Receveur de la Commune, si toutefois le Propriétaire, Fermier ou Dépositaire, ne justifie du contraire; letout à la poursuite & diligence du Procureur Général du Roi.

I I.

APPARTIENDRONT de droit à la Commune des Habitants tous Esclaves fugitifs, non déclarés tels par les Maîtres, Fermiers ou Dépositaires, dans le mois & jour de leur évasion. Appartiendra aussi de droit à la Commune l'Esclave fugitif ou né dans le bois, qui aura été pris ou amené par les Détachements, dont le Maître n'aura pas été reconnu & qui n'aura pas été reclamé dans l'an & jour de sa prise.

I I I.

TOUT Noir non déclaré dans le mois & jour de son évasion, sera vendû au profit de la Commune & le profit de la vente sera versé dans la Caisse de ladite Commune, il en sera de même de tout noir pris dans le bois & non reconnû par son maître dans l'an & jour de sa prise; le tout à la requête du Procureur Général du Roi, sans que lesdits Maîtres ou autres puissent en reclamer la valeur sous quelque prétexte que ce soit.

I V.

LES Noirs fugitifs tués dans le bois par les Détachements & qui n'auront pas été déclarés par leurs maîtres ou autres, dans le mois & jour de leur fuite, seront en pure perte pour le maître, sauf son recours contre le Fermier ou Dépositaire.

V.

TOUT Habitant, Fermier ou Dépositaire d'Esclaves, sera tenû de déclarer à la personne qui sera préposée à cet effet par M. M. les Chefsde l'Administration, la rentrée de l'Esclave qu'il aura denoncé fugitif & qui se seroit rendu volontairement ou qui auroit été amené par d'autres noirs ou blancs que ceux de Détachement, & ce dans la huitaine de la rentrée dudit Esclave, à peine de cinquante livres d'amande au profit de la Commune pour chaque Esclave, dont la rentrée n'aura pas été déclarée, payable ladite amande à la Caisse de la Commune sur le simple Requisitoire du Procureur Général du Roi & l'Ordonnance du Président du Conseil.

V I.

TOUT Maître, Fermier ou Dépositaire d'Esclaves, fournira par Duplicata son recensement à la personne qui sera préposée à cet effet par M. M. les Administrateurs, & de six en six mois, dans les formes qui seront prescrites & dans la quinzaine du jour que l'avis en aura été donné par ladite personne, à peine de cinquante livres d'amande & de plus forte peine en cas de récidive.

V I I.

L'UN des Duplicata desdits recensements, sera envoyé au Receveur de la Commune, pour sur lesdits recensements, être dressé par ledit Receveur l'état général des Noirs existants dans l'Isle, à la fin de chaque semestre, lequel il remettra au Gouverneur & à l'Intendant; ledit Receveur fera pareillement l'état des recettes & dépenses de la Commune pendant chaque semestre, pour être procédé sur iceux à la contribution égale sur chaque tête d'esclave, sans distinction d'âge, existant au tems du recensement, des sommes dont la Commune se trouvera débitrice à la fin de chaque semestre; tous lesquels États seront vérifiés par des Commissaires nommés par le Conseil & arrêtés par l'Intendant, pour ensuite par ledit Receveur être fait extrait de l'état de contribution pour chaque Quartier, iceux remis aux personnes préposées à cet effet par le Gouvernement en chaque Quartier, pour par elles être prevenû chaque Habitant de la somme qu'il sera tenu de payer & lesdites sommes être remises par chaque Habitant à la Caisse de la Commune dans la quinzaine, à peine d'y être contraint par saisie & vente, d'un ou de plusieurs de ses Esclaves, sur la simple Ordonnance du Président du Conseil, rendue sur le Requisitoire du Procureur Général du Roi, au bas de la requête du Receveur de la Commune.

V I I I.

LES Noirs duement déclarés qui seront tués dans le bois par les Détachements & reconnus fugitifs de plus d'un mois, seront remboursés aux Propriétaires d'iceux par la Commune, la somme de quatre cent livres, & sans avoir égard au sexe, à l'âge ni à la caste. Les Noirs reputés petits marrons ou renards & qui n'auront pas été absents pendant un mois ainsi que tous autres Noirs non marrons qui, par accident ou autrement auroient été tués dans le bois par les Détachements, même les Noirs esclaves faisant partie des Détachements, qui seront tués par les Noirs marrons ou estropiés, & rendus incapables de servir par des blessures reçues à la poursuite des Noirs marrons, seront estimés par deux des principaux Habitants du Quartier du maître desdits Esclaves & le prix de leur estimation sera payé au Propriétaire d'iceux par ladite Commune.

I X.

Les Esclaves fugitifs pris & amenés vivants, soit par les Détachements ou autres, seront ouïs sommairement par le Procureur Général du Roi & s'ils ne se trouvent suspectés, ni coupables d'aucun crime autre que le marronage, ils seront rendus à leurs maîtres, après avoir subi la punition portée par les Ordonnances, en payant préalablement par les maîtres à la Caisse de la Commune pour chaque Esclave fugitif & pris dans le cours des huit premiers jours, la somme de dix livres, celle de vingt livres pour celui qui aura été fugitif de plus de huit jours & celle de trente livres pour celui qui l'aura été un mois & plus, non compris les fraix de geole & de nourriture dudit Esclave.

X.

Tout Esclave qui sera puni de mort ou condamné à la chaine à perpétuité pour crimes qui mériteroient ces peines, même les Esclaves fugitifs avec enlevement d'armes ou de récidive de marronnage, ou de marronage au troisieme chef, ou pendant leur désertion convaincus d'être chefs de Bande ou auteurs & complices pendant leur désertion, de crimes derivant du marronage, comme enlevement de négresses, Bestiaux, &c. seront estimés par deux des principaux Habitants du Quartier du maître desdits Esclaves, dont un desdits experts sera nommé par le maître de l'Esclave & l'autre par le Conseiller Commissaire, pour, si l'Esclave est condamné à la mort, la totalité du prix d'icelui, suivant ladite estimation être rembourse à son maître par la Commune; & à l'égard de l'Esclave qui sera condamné à la chaine à perpétuité & à servir sur les Travaux du Roi, la moitié seulement du prix dudit Esclave sera remboursée par la Commune. M. M. les Chefs de l'Administration invités à prendre en considération que le travail dudit Esclave appliqué sur les Travaux du Roi, tombe uniquement à son profit, ayant bien voulu consentir à faire payer l'autre moitié par le Roi; ainsi que les journées sur le pied de cinq sols par jour, de tout Esclave condamné à la chaîne pour un tems sur les Travaux de Sa Majesté.

X I.

L'habitant auquel appartiendra l'Esclave condamné à la mort, nommera un des Experts, pour en faire l'estimation & le Commissaire Rapporteur du procès nommera l'autre. En cas d'absence du maître & à défaut de procufation de fa part, le Commiffaire nommera les deux Experts qui feront choifis parmi les Habitants du Port-Louis, afin de ne pas retarder le cours de la Juftice.

X I I.

POUR exciter l'émulation & parvenir à la deftruction des Noirs marrons & pour prévenir par la fuite l'évafion defdits Noirs, il fera payé, jufqu'à nouvel ordre aux Détachements pour chaque noir ou négreffe pubere marron au premier chef qu'ils prendront & ameneront vivant, la fomme de deux cent livres & feulement celle de cent livres pour chaque efclave pubere, marron au premier chef, qui fera tué dans le bois & duquel lefdits Détachements feront tenus d'apporter la tête, lefquelles fommes feront payées comptant, par le Receveur de la Commune, au Détachement qui aura fait la capture, fur le certificat du Procureur Général, vifé de l'Intendant: & en cas de difficulté ou de doute, foit au fujet des époques du marronage defdits Noirs, foit au fujet de leur nom ou telle autre difficulté que ce foit, elle fera levée & jugée fommairement par M. M. les Gouverneur & Intendant ou par deux Commiffaires du Confeil, fur le rapport du Procureur Général du Roi, afin de ne pas retarder le payement des captures.

X I I I.

LES Détachements ne pourront prétendre d'autres récompenfes pour les enfants impuberes qu'ils arrêteront dans le bois & qui y feroient nés de négreffes fugitives ou enlevées, ou qui auroient fuivi leur mere & qui feroient reftés dans le bois plus d'un mois, que la fomme de trente livres pour chacun enfant, laquelle leur fera payée par le Receveur de la Commune, fauf à s'en faire rembourfer par le maître de l'enfant ou de la mere dudit enfant.

X I V.

LES Détachements feront ouïs à leur retour par le Procureur Général du Roi. La déclaration du Chef & de deux perfonnes de fa Brigade fera foi, & l'Efclave marron tué par ledit Détachement, fera reputé fuffifamment connu, lorfqu'il aura été reconnu par le Chef du Détachement & deux perfonnes d'icelui, en cas que le Détachement foit compofé de Troupes ou d'Habitants, le certificat de l'Officier commandant le Détachement, vifé du Gouverneur, ou de celui qui le reprefentera, aura le même effet.

X V.

TOUT Détachement quelconque formé pour aller à la pourfuite des Noirs marrons, avec l'aveu du Gouvernement, pourra en cas de prise, prétendre aux récompenses établies par le présent Reglement : il en sera de même de tout particulier blanc ou noir qui remontreroit par hasard & prendroit un Noir marron.

XVI.

Les récompenses fixées par le présent Reglement & qui seront payées aux Noirs de Maréchaussée, seront reparties entre lesdits Noirs, suivant l'ordre qui sera établi entr'eux par le Procureur Général du Roi ; & celles qui seront payées aux Détachements, formés par les Habitants entr'eux ou avec leurs propres noirs, appartiendront aux Habitants qui les auront formés & seront reparties suivant les conditions faites entr'eux.

XVII.

Pour subvenir aux dépenses courantes de la Commune, il sera fait un fond & payé annuellement à la Caisse de ladite Commune, à compter du premier Juillet dernier, la somme de vingt sols par tête d'Esclave, existant dans l'Isle, même par les impuberes & les vieillards, à l'exception de ceux actuellement marrons. Chaque Propriétaire, Fermier ou Dépositaire sera tenu de payer sa cotte part, à raison du nombre d'Esclaves qui sont en sa possession, lesquels Propriétaires, Fermiers ou Dépositaires, payeront dans quinzaine & sans autre délai, de l'avis qui leur en sera donné, la somme dont ils sont redevables, sous peine d'y être contraints par saisie & vente de leurs noirs, enjoint au Receveur de la Commune, de donner quittance des sommes qu'il recevra.

XVIII.

Indépendamment de cette premiere imposition, la Commune se trouvant débitrice de fortes sommes, tant pour captures faites & indemnités dues depuis mil sept cent soixante six jusqu'à ce jour, que pour avances faites par le Roi, il sera établi une imposition de dix sols par tête d'Esclave, laquelle sera levée en la forme & maniere qu'il est dit à l'article précédent. Les sommes en provenant seront employées à payer ce qui est dû, suivant les états qui seront arrêtés par deux Commissaires de la Cour, & visés de l'Intendant & ladite imposition subsistera & se levera chaque année jusqu'à l'extinction des dettes de ladite Commune.

XIX.

Le Receveur de la Commune sera chargé en recette du montant de toutes les impositions & autres sommes qui devront être versées dans la Caisse de ladite Commune & dans le cas où quelque Habitant que ce soit, refuseroit de rembourser audit Receveur, dans le délai porté en l'Article XVII. soit sa cotte part des impositions, soit l'avance faite pour lui par la Caisse de la Commune pour capture d'Esclaves, ledit Receveur présentera requête, au bas de laquelle & sur le simple Requisitoire du Procureur Général du Roi ou par son Substitut, sera décerné exécutoire par le Président du Conseil.

X X.

Le Receveur tiendra des Registres qui seront cottés & paraphés par M. l'Intendant, des recettes & dépenses qu'il fera pour la Commune, & des déclarations qui lui seront envoyées tous les huit jours, par les préposés des différents Quartiers, qui auront également des Registres de déclarations cottés & paraphés, comme est dit ci-dessus; il recevra les déclarations qui seront faites par les Habitants du Port-Louis & dépendances, sera tenu de représenter lesdits Registres au Procureur Général du Roi, toutes fois & quantes il en sera requis & seront lesdits Registres visés par lui.

X X I.

Le Receveur de la Commune sera tenu de donner bonne & valable caution, laquelle sera discutée par le Procureur Genéral du Roi & agrée par le Conseil Supérieur.

X X I I.

Sera alloué audit Receveur chaque année, la somme de trois mille livres, à prendre sur le produit des impositions.

X X I I I.

Étant nécessaire de constater autant qu'il est possible, le nombre des Noirs marrons existants dans cette Isle, tous les Habitants qui auront des Esclaves fugitifs dans le bois, soit depuis qu'ils en sont Propriétaires, Fermiers ou Dépositaires, soit que lesdits Noirs ayent fait partie d'acquisition de terres ou d'autres Esclaves, soit que lesdits marrons soient ou ne soient pas déclarés, seront tenus de donner, indépendamment du recensement demandé par l'Article V. du présent Reglement, un état desdits Noirs fugitifs, de leur nom, de leur caste & du tems de leur marronage & ce dans quinzaine de la publication du présent, à peine d'une amande de cinquante livres & de confiscation des noirs arrêtés qui n'auroient pas été déclarés.

X X I V.

Tout Noir ou Négresse de quelque âge & caste que ce soit, qui n'aura pas été compris dans le recenſement donné par ſon maître, ſera de droit confiſqué, & vendû au profit de la Commune.

XXV.

Les recenſements, ainſi qu'il a été dit à l'article VI. ainſi que les bordereaux de la recette & dépenſe des impoſitions, ſeront remis à M. l'Intendant.

XXVI.

Tous & un chacun prétendant droit aux récompenſes, à cauſe des captures par eux faites & qui leur ſont dues, ceux prétendants aux indemnités, pour Noirs condamnés à mort, ou à la chaîne à perpétuité, pour Noirs tués dans le bois & duement reconnus dans le tems, ſe préſenteront au Bureau du Receveur de la Commune dans le courт de trois ſemaines de la publication du préſent Reglement, à l'effet d'y juſtifier de leurs prétentions, repréſenter & enregiſtrer les certificats qui leur ont été donnés deſdites captures, ſinon & faute de s'être préſentés dans ledit délai, ils ſeront déchus de toutes demandes & prétentions. Et ſera le préſent Réglement, imprimé, lû, publié & affiché partout où beſoin ſera, pour être exécuté ſelon ſa forme & teneur; enjoint au Procureur Général du Roi, d'y tenir la main & d'en certifier la Cour. FAIT & arrêté au Port-Louis, Iſle de France, au Conſeil Supérieur, tenu le ſeize ſeptembre mil ſept cent ſoixante douze. *Signé* MAILLART DUMESLE, DE CHAZAL & THÉBAULT.

ENREGISTRÉ au Conſeil Supérieur de l'Iſle de France, le 16 Septembre 1772.

A L'ISLE DE FRANCE, DE L'IMPRIMERIE ROYALE. 1772.

CHARLES LOUIS DE TERNAY,

Chevalier de l'Ordre de Saint Jean de Jérusalem, Gouverneur Général pour le Roi, aux Isles de France & de Bourbon.

E T

JACQUES MAILLART DUMESLE,

Écuyer, Conseiller du Roi en ses Conseils, Intendant de Justice, Police, Finances de la Guerre & de la Marine, & Président des Conseils Supérieurs auxdites Isles.

ÉTANT informés qu'au mépris des Réglements faits précédemment pour empêcher les incendies dans les Bois, on y est encore journellement exposé, par la faute des Esclaves qui allument du feu, soit dans les Bois, soit sur leurs lisieres le long des chemins; & voulant remédier à cet abus si préjudiciable au bien public; Nous en vertu des pouvoirs à nous donnés par le Roi, avons ordonné & ordonnons ce qui suit.

ARTICLE PREMIER.

IL est défendu à toutes personnes indistinctement, Blancs, noirs libres ou esclaves, de porter des tisons de feu dans les Champs, dans les Chemins ou dans les Bois, sous aucun prétexte, sous peine contre les Blancs d'une amende de cinquante livres & contre les noirs d'être fustigés dans la place publique.

I I.

Tous Propriétaires, Fermiers ou Dépositaires d'esclaves, les previendra qu'il leur est expressément défendu de sortir de la Ville avec une pipe, quand même elle ne seroit point allumée qu'ils seront fouillés à la sortie, & dans les chemins, & que celui qui sera trouvé en contravention du présent Article, essuyera la même punition que ci-dessus.

I I I.

Ils auront aussi la plus grande attention de faire fouiller leurs esclaves avant de les envoyer à la Ville ou à la Campagne & de faire casser les pipes qu'ils pourront avoir dans leur poche, leur étant expressément défendu de fumer ailleurs que dans l'étendue de l'Habitation où ils sont esclaves. Les noirs qui seront arrêtés hors de l'Habitation de leurs maîtres avec une pipe, seront amenés à la Ville par des gens commis à cet effet, où ils essuyeront la punition portée à l'Article ci-dessus.

Prions Messieurs les Officiers du Conseil Supérieur, d'enrégistrer le Présent, qui sera lu, publié & affiché partout où besoin sera, à ce que personne n'en ignore.

Mandons aux Officiers de Police de tenir sévérement & exactement la main à son exécution. Donné au Port-Louis, Isle de France, sous le sceau de nos Armes & le contre-seing de nos Sécretaires, le vingt-un Septembre mil sept cent soixante-douze. *Signé* LE CHEVALIER DE TERNAY & MAILLART DUMESLE. *Plus bas*, par Monsieur le Général. *Signé* Becqx. Et par Monsieur l'Intendant. *Signé* Thorame.

Enrégistré au Conseil Supérieur de l'Isle de France, le 22 Septembre 1772.

Titre

Reglement
fait à l'Isle de France
concernant les défrichés
et la jouissance des Eaux

Du 20 septembre 1772

CHARLES LOUIS DE TERNAY,

Chevalier de l'Ordre de Saint Jean de Jérusalem, Gouverneur Général pour le Roi, aux Isles de France & de Bourbon.

ET

JACQUES MAILLART DUMESLE,

Écuyer, Conseiller du Roi en ses Conseils, Intendant de Justice, Police, Finances de la Guerre & de la Marine & Président des Conseils Supérieurs auxdites Isles.

ETANT informés que plusieurs particuliers qui ont désiré de posséder des terreins dans cette Isle, y ont commencé des Défrichés sans attendre que le titre de concession en bonne forme leur ait été délivré; que quelques uns même ne sont porteurs que de Requêtes présentées à nos Prédécesseurs, & de procès verbaux d'arpentage faits d'après l'ordonnance de nosdits Prédécesseurs, sans que pour ce, le titre de concession en bonne forme ait été expédié : étants de plus instruits que quelques uns des titres de concession n'ont été signés que d'un seul de nos Prédécesseurs; Nous avons crû devoir prévenir les abus & les inconvénients qui résulteroient nécessairement du défaut de formalité requise, dans des titres qui doivent assurer la propriété desdits terreins, & aux Propriétaires la tranquille possession de leurs biens.

ÉTANT d'ailleurs instruits que quelques particuliers propriétaires de terres qui avoisinent les réserves des bois du Roi, vers les bords de la mer y coupent desdits bois, ce qui est non seulement contraire à la population des Bestiaux qui ne trouvent plus de pâturages suffisants, mais encore rend le bois dans la Colonie en générale d'autant plus rare & d'un autre côté dégarnie la Côte d'une défense naturelle contre les entreprises de l'ennemi, ils nous à paru nécessaire de nous occuper d'un objet aussi essentiel pour le bien général.

Ayant pareillement connoiſſance, que des particuliers qui poſſédent des terres auprès deſquelles paſſe le Canal qui conduit les eaux de la Grande riviere au Camp, dégradent ledit Canal pour en tirer l'eau & arroſer leurs terreins, quoiqu'ils n'ayent aucun droit à l'uſage de cette eau, ce qui expoſe le chef lieu à en manquer par intervalle, notre attention a du ſe porter pareillement ſur cet abus. En conſéquence & en vertu des pouvoirs à nous donnés par le Roi, avons ordonné & ordonnons ce qui ſuit.

Article premier.

Les perſonnes qui ne ſont pas porteurs d'un titre de conceſſion en bonne forme, ſigné de nos Prédéceſſeurs, ou qui ne ſont porteurs que de Requête & Procès verbaux d'arpentage, ne pouvant dans aucun cas être conſidérés comme propriétaires, ſeront tenus de ceſſer abſolument tous travaux ſur les terreins qu'ils défrichent, (comme auſſi célles qui n'ont leur titre ſigné que d'un ſeul d'eux), ſous peine de déſobéiſſance, ſauf à ceux qui ſont porteurs de pareils titres, à ſe retirer par devers nous par voie de nouvelle Requête, ſoit pour recevoir de nous des titres de conceſſions en forme, pour être mis en poſſeſſion deſdits terreins ou en obtenir de nous dans d'autres endroits, ſi lieu y a.

I I.

Tous particuliers qui poſſedent des terreins qui avoiſinent les bords de la mer, ſeront tenus de laiſſer dans l'état où ils ſe trouvent à preſent, quatre cent toiſes de bois, à compter de la liſiere dudit bois qui regarde la mer en entrant dans les terres: défendons à tous ceux qui poſſedent leſdits terreins, d'y couper ou ſouffrir qu'on y coupe aucune eſpece de bois, ſous quelque prétexte que ce ſoit, ſous peine d'être pourſuivis comme déſobéiſſants & ſous celle de réunion au domaine du Roi, de la totalité de leur terrein.

I I I.

Défendons expreſſément à tous particuliers, voiſin du Canal qui conduit l'eau de la Grande riviere au Camp, de dégrader ledit Canal, leurs enjoignons de ne faire aucun travaux de quelque nature qu'ils puiſſent être, à la diſtance de vingtquatre pieds dudit Canal, ſous peine contre les contrevenants de payer les frais de réparations dudit Canal & de réunion de leur terrein au domaine du Roi.

Prions Meſſieurs les Officiers du Conſeil Supérieur de cette Colonie, de faire enrégiſtrer la Préſente, qui ſera lue, publiée & affichée partout où beſoin ſera, à ce que perſonne n'en ignore. Donné au Port-Louis, Iſle de

France, ſous le ſceau de nos Armes & le contre-ſeing de nos Secretaires, le vingt-ſix Septembre mil ſept cent ſoixante douze. *Signé* LE CHEVALIER DE TERNAY & MAILLART DUMESLE. *Plus bas*, par Monſieur le Général. *Signé* BECQX. Et par Monſieur l'Intendant. *Signé* BAILLY.

ENRÉGISTRÉ au Conſeil Supérieur de l'Iſle de France, le 29 Septembre 1772.

CHARLES LOUIS DE TERNAY,

Chevalier de l'Ordre de Saint Jean de Jéruſalem, Gouverneur Général pour le Roi, aux Iſles de France & de Bourbon.

ET

JACQUES MAILLART DUMESLE,

Écuyer, Conſeiller du Roi en ſes Conſeils, Intendant de Juſtice, Police, Finances de la Guerre & de la Marine, & Préſident des Conſeils Supérieurs auxdites Iſles.

ÉTANT informés que les Réglements rendus par le Roi ſur le fait de la Chirurgie dans les Colonies françoiſes de l'Amérique, & nommément celui du 30 Avril 1764, n'étoient point connus dans cette Iſle, & que l'abus qui réſulte de la profeſſion qu'exercent de jeunes Chirurgiens qui y abordent ſur les Vaiſſeaux, ſans Titres ni Lettres qui puiſſent les autoriſer, s'étend tous les jours au grand préjudice du public, Nous avons jugé indiſpenſable pour la conſervation des ſujets de Sa Majeſté, de rappeller & de mettre en vigueur dans cette Colonie, les diſpoſitions deſdits Réglements qui, en aſſurant l'état des Chirurgiens qui auront de l'expérience & des talents, empêchent tous ceux qui paſſent aux Colonies d'abuſer de la confiance publique. En conſéquence Nous avons ordonné & ordonnons ce qui ſuit.

ARTICLE PREMIER.

AUCUN Chirurgien ne pourra exercer ſa profeſſion dans cette Colonie, qu'il n'ait fervi au moins un an dans les Hôpitaux militaires de l'Isle, nous réservant de pourvoir aux moyens d'entretenir dans lesdits Hôpitaux un certain nombre de Chirurgiens, au moyen de quoi l'on sera assuré de n'avoir que des sujets capables & instruits des maladies du pays.

I I.

Les Chirurgiens qui voudront s'établir dans la Ville du Port - Louis ou dans les autres Quartiers de l'Isle, seront examinés & interrogés sur tout ce qui concerne l'art de la Chirurgie, en présence de l'un des Médecins de Sa Majesté, par le Chirurgien Major & un autre des Chirurgiens du Roi, & même par les autres Chirurgiens approuvés dans la Colonie qui, sans y être appellés, pourront y assister & interroger le récipiendaire, lequel sera tenu à cet effet de les prevenir tous du jour & de l'heure de l'examen.

I I I.

Pour la facilité & la commodité des Chirurgiens qui se présenteront pour donner des preuves de leur capacité, l'examen se fera en quatre séances; dans la premiere, l'aspirant sera interrogé sur l'Anatomie; dans la seconde, sur la Chirurgie théorique; dans la troisieme, sur la Chirurgie pratique & dans la quatrieme, sur les opérations de Chirurgie.

I V.

Les Lettres de Maîtrise portant la faculté d'exercer la Chirurgie dans le Quartier de la Colonie, pour lequel chaque Chirurgien aura été reçu, seront signées du Médecin de Sa Majesté & du Chirurgien Major qui les délivrera au récipiendaire, lequel ne pourra néanmoins exercer en vertu desdites Lettres, qu'après nous les avoir présentées & les avoir faites enrégistrer au Greffe de l'Intendance.

V.

Le Chirurgien Major qui aura présidé à l'examen dans lequel un desdits Chirurgiens aspirans auroit été trouvé incapable, en instruira le Greffier de l'Intendance qui mettra cet avis au nombre de ses minutes.

V I.

Tous les Chirurgiens qui exercent actuellement dans les différents Quartiers de l'Isle, sans avoir été ci-devant reçus ou approuvés, ou qui ne sont point munis d'Ordres ou Brevets de Sa Majesté, ou de la permission du Chirurgien Major, seront tenus dans deux mois au plus tard, du jour de la publication de la présente Ordonnance, de se faire examiner devant les susdits

Chirurgiens, en présence du Médecin du Roi & de prendre sur ce, les Lettres nécessaires, à peine de cent livres d'amende au profit de la fabrique du Port-Louis, même de punition plus grave & d'être déchu du droit d'exercer la Chirurgie dans les Colonies.

V I I.

Tous les Chirurgiens qui ne se feront pas mis en regle & continueront d'exercer la Chirurgie, sans avoir subi les examens prescrits par la présente Ordonnance, seront poursuivis à la Requête du Procureur Général du Roi, afin que les délinquants soient punis des peines portées ci-dessus.

V I I I.

Dans le cas de maladies internes, s'ils se trouve un Médecin du Roi sur les lieux, le Chirurgien sera obligé de lui en rendre compte & d'en conférer avec lui, & dans le cas où il se rencontreroit dans telle partie de la Colonie que ce soit, quelque maladie contagieuse, le Chirurgien qui aura été appellé, sera tenu d'en rendre compte sur le champ au Médecin du Roi.

I X.

Chaque Chirurgien dans les différents Quartiers de l'Isle, sera obligé d'envoyer tous les six mois, au Médecin du Roi, un Mémoire circonstancié des différentes maladies qu'il aura traité, des remedes qu'il y aura employé, surtout de ceux du pays dont il aura fait usage & les effets qu'ils auront produits.

X.

Tous les Chirurgiens exerçant leur art dans la Colonie, seront obligés de prêter leur ministere pour les Hôpitaux du Roi dans le cas de besoin & toutes les fois qu'ils en seront requis, sans pouvoir prétendre à ce sujet aucun salaire.

X I.

Aucun Chirurgien ne pourra faire d'ouverture de cadavres, ni de rapports en justice, que le Médecin du Roi n'y soit présent ou duement appellé, lorsqu'il se trouvera sur les lieux.

X I I.

Il sera fait une fois chaque année, par les Médecin & Apoticaire du Roi, une visite chez tous les Chirurgiens & Droguistes de la Colonie, à l'effet de vérifier & examiner l'état & la qualité des médicaments dont ils seront pourvus & dont ils feront usage pour les malades, ils seront autorisés à faire jetter tous les médicaments qui se trouveroient de mauvaise qualité ou falcifiés, dont il sera par eux dressé Procès verbal, qui contiendra la qualité desdits médicaments, leur défectuosité & le nom de ceux chez qui ils auront été trouvés pour, sur ledit Procès verbal, être ordonné contre les contrevenants ce qu'il appartiendra : laquelle visite sera faite *Gratis* par les Médecin & Apoticaire du Roi dans les lieux de leur résidence & aux frais & dépens du Roi dans les différents Quartiers de leur Département où ils seront obligés de se transporter.

XIII.

LES contrevenants au présent Réglement seront condamnés en mille livres d'amende au profit de Sa Majesté & renvoyés de la Colonie.

XIV.

DÉFENDONS très-expressement aux Négres & à tous gens de couleur, libres ou esclaves, d'exercer la Médecine ou la Chirurgie, ni de faire aucun traitement de malades, sous quelque prétexte que ce soit, à peine de cinq cent livres d'amende pour chaque contravention au présent article & de punition corporelle, suivant l'exigence des cas.

XV.

IL ne sera au surplus admis & alloué en justice aucun compte ou mémoire de Chirurgie, de ceux dont les Lettres & Permissions d'exercer n'auront point été enrégistrées.

XVI.

TOUS les Chirurgiens Majors brevetés dans cette Colonie, y rempliront les fonctions de Chirurgiens des Prisons & celles de Chirurgiens Jurés, pour faire les rapports en justice, chacun dans l'étendue de leur Département.

PRIONS Messieurs les Officiers des Conseils Supérieurs des Isles de France & de Bourbon, d'enrégistrer les Présentes, qui seront lues, publiées & affichées partout où besoin sera, à ce que personne n'en ignore.

MANDONS aux Officiers de Police de tenir exactement & sévérement la main à leur exécution. DONNÉ au Port-Louis, Isle de France, sous le sceau de nos Armes & le contre-seing de nos Secretaires, le sept Septembre mil sept cent soixante douze. *Signé* LE CHEVALIER DE TERNAY & MAILLART DUMESLE. *Plus bas*, par Monsieur le Général. *Signé* BECQX. Et par Monsieur l'Intendant. *Signé* THORAME.

ENRÉGISTRÉ au Conseil Supérieur de l'Isle de France, le 16 Septembre 1772.

CHARLES LOUIS DE TERNAY,

Chevalier de l'Ordre de Saint Jean de Jérusalem, Gouverneur Général pour le Roi, aux Isles de France & de Bourbon.

E T

JACQUES MAILLART DUMESLE,

Écuyer, Conseiller du Roi en ses Conseils, Intendant de Justice, Police, Finances de la Guerre & de la Marine, & Président des Conseils Supérieurs auxdites Isles.

SUR le compte qui nous a été rendu qu'il existoit dans la seule Ville du Port-Louis 125 Cabarets déclarés à la Police. Que la liberté illimitée de débiter des boissons y fixoit non seulement quantité de gens inutiles & a charge à la Colonie par la consommation des denrées, mais que l'appas du gain y attiroit même nombre d'anciens habitants qui abandonnoient leur culture, & portoit la pluspart des ouvriers à se livrer uniquement à ce trafic.

QU'OUTRE ces abus nuisibles au progrès de la Colonie, il en existoit qui l'étoient encore plus à la santé de ses habitants. Que la multitude des

Cabaretiers, la cherté & la disette des boissons portoient la plus grande partie des débitants à les falsifier de maniere à causer les effets les plus funestes, & qu'attendu la confusion de ces cabarets, il étoit presque impossible d'y faire observer une bonne police.

Nous avons jugé que le principal moyen de remédier à tous ces inconvénients, étoit de restreindre & de fixer le nombre des Cabaretiers, afin qu'en donnant à la Police la facilité de les inspecter, les abus fussent plus aisément réprimés.

Nous avons d'ailleurs considéré que cet arrangement procureroit un double avantage à la Colonie, celui de rendre à la culture des terres & aux autres travaux des bras inutiles, & de la soulager dans ses dépenses, en appliquant à son profit une contribution sur chaque cabaret.

En conséquence & en vertu des pouvoirs à Nous donnés par le Roi, avons statué & ordonné, statuons & ordonnons ce qui suit.

ARTICLE PREMIER.

Il n'y aura à l'avenir dans la Ville du Port-Louis que 30 Cabarets qui seront distribués; savoir. 20 dans le Quartier compris entre la Rue Royale & la Rue Desforges & 10 dans le Quartier du Rempart.

Les cabaretiers auront le privilege de vendre au détail des vins, eaux-de-vie & autres boissons fortes, & la préférence sera donnée à ceux qui tiendront auberge, pension ou chambres garnies.

I I.

En faveur du privilege du débit des boissons, chaque Cabaretier payera annuellement & à l'avance une somme de 500 livres, dont les deux tiers seront affectés à la liquidation des dettes de la Commune & l'autre tiers à la fabrique de la Paroisse de Saint Louis.

Si dans le nombre de ces Cabaretiers il s'en trouve quelqu'uns qui désirent obtenir le privilege de tenir billard & caffé, ils payeront de plus une somme de 500 livres, applicable comme ci-dessus; mais le nombre de ceux-ci sera fixé à 6. Ils pourront débiter exclusivement aux autres cabaretiers du caffé, thé & autres liqueurs chaudes. Les uns & les autres seront tenus de nous représenter la quittance du Receveur de la Commune & de celui de la fabrique.

I I I.

Il sera délivré par Nous, sur le vu de cette quittance à chaque cabaretier, une permission signée de Nous, de tenir Cabaret, de laquelle il donnera communication à la Police pour y être inscritte & il sera tenu de faire mettre au-dessus de la porte principale de sa maison l'Écriteau qui lui sera indiqué.

I V.

Nous défendons à toutes personnes, autres que les 30 cabaretiers ayant permission de vendre ou faire vendre au détail, au Port-Louis, aucune boisson, pas même de liqueurs chaudes, comme thé, caffé & chocolat, à peine de confiscation de celles qui seront trouvées dans les maisons où il sera reconnu qu'on en aura débité; & en outre de 300 livres d'amende contre les Blancs & de punition corporelle contre les noirs libres pris en contravention. Quant aux noirs esclaves, leurs maîtres en seront responsables comme si les boissons étoient vendues pour leur compte, lesdites confiscations & amendes au profit de la Commune.

Les cabaretiers qui n'auront pas la permission de tenir caffé ne pourront vendre aucunes liqueurs chaudes ni donner à jouer au billard ou autres jeux, même permis, sous les peines ci-dessus.

V.

Il est défendu aux cabaretiers de donner à boire les jours de Dimanche & de Fête pendant les Offices divins, comme aussi après le coup de canon de la retraite tiré, à peine de 60 livres d'amende pour la premiere fois, du double de l'amende & de la prison en cas de récidive contre les cabaretiers, & de 20 livres d'amende contre celui qui sera trouvé à boire dans lesdits Cabarets aux heures indues : lesdites amendes au profit de la fabrique de la Paroisse de Saint Louis.

Il sera néanmoins libre aux caffetiers de servir à toute heure au public des liqueurs chaudes.

V I.

Nous défendons expressément auxdits cabaretiers de donner à boire ou à manger aux noirs esclaves en les laissant attabler, ni de leur délivrer du vin en bouteilles, à moins qu'il ne soient porteurs d'un billet de leur maître, lequel sera retenu par le cabaretier pour être présenté à la Police.

Ne pourront non plus lesdits cabaretiers recevoir en payement de la boisson qu'ils donneront aux esclaves autre chose que la monnoie courante ou un bon signé du maître, à peine de 300 livres d'amende.

Ils ne recevront également des soldats & matelots en payement, aucun objet relatif à leur armure ou habillement sous les autres peines portées par les Ordonnances.

V I I.

Défendons à tous cabaretiers de mettre dans leurs vins, bierre, eau-de-vie, arrack, aucunes drogues & mixtions quelconques, à peine de confiscation des boissons qui seront trouvées chez eux, lors des visites qui seront faites, de privation de leur Cabaret, & en cas de falsification reconnue dangereuse à la santé, ils seront condamnés à une amende de 500 livres, applicables à la fabrique de la Paroisse de Saint Louis & même poursuivis extraordinairement suivant l'exigence des cas.

V I I I.

Nous leurs défendons sous les mêmes peines, nommément aux caffetiers, de donner à jouer, ni de permettre qu'on joue chez eux à des jeux de hasards.

I X.

Il est enjoint à tous ceux qui tiendront auberge, pension ou chambres garnies de donner tous les mois à la Police un état des gens qui mangeront ou logeront chez eux à peine de 10 livres d'amende pour la premiere fois & du double en cas de récidive.

Enjoignons aux Commis de la Police de tenir rigoureusement la main à l'exécution du présent Réglement, de faire deux tournées par semaine dans lesdits Cabarets & de dénoncer à l'instant les délits qui viendront à leur connoissance.

Et sera le Présent, lu, publié & affiché partout où besoin sera, à ce que personne n'en ignore. Donné au Port-Louis, Isle de France, sous le sceau de nos Armes & le contre-seing de nos Secretaires, le trente-un Octobre mil sept cent soixante douze. *Signé* LE CHEVALIER DE TERNAY & MAILLART DUMESLE. *Plus bas,* par Monsieur le Général. *Signé* Becqx. Et par Monsieur l'Intendant. *Signé* Bailly.

A L'ISLE DE FRANCE, DE L'IMPRIMERIE ROYALE. 1772.

www.ingramcontent.com/pod-product-compliance
Ingram Content Group UK Ltd.
Pitfield, Milton Keynes, MK11 3LW, UK
UKHW021059260726
13994UKWH00002B/599